日経文庫
NIKKEI BUNKO

ソーシャルメディア・マーケティング

水越康介

日本経済新聞出版社

まえがき

多くの企業は、インターネットやソーシャルメディアに対して、期待と不安の入り混じった感情を抱いているようにみえます。時に、インターネットやソーシャルメディアは心強く、天使の福音となります。その一方で、インターネットやソーシャルメディアは残酷であり、悪魔の炎上も引き起こします。どちらになるのかは、その企業が、マーケティングの本質をよく理解しているかどうかにあります。

本書では、インターネットやソーシャルメディアの活用に焦点を当てたマーケティングとして、ソーシャルメディア・マーケティングを紹介します。この言葉は、みてのとおり、2つの言葉からなっています。「ソーシャルメディア」と「マーケティング」です。

まず、ソーシャルメディアとは、フェイスブックやツイッター、LINE、動画サイト、ブログやウィキペディア、カスタマーレビューや口コミサイトなどを含みます。その最大の特徴は、インターネット上で人々が自由にインタラクションする場だということです。

一方で、マーケティングとは、顧客の必要に応え、よりよい社会を創り出すための諸活動です。口コミを期待することはもちろんマーケティングの一活動ですが、大事なことは、それによって顧客の必要に応え、よりよい社会が創り出されているかどうかです。

ソーシャルメディアとマーケティングは、密接に結びついています。顧客の必要に応えようとするのならば、インターネットやソーシャルメディアに集まり、さまざまにインタラクションする人々の存在を無視することはできません。

デジタル時代が到来し、人々の生活も大きく変化しています。しかしながら、マーケティングの本質が変わるわけではありません。むしろ、今まで以上に、顧客の必要に応え、よりよい社会を創り出すことが重要になっています。マーケティングがその本質を見失わない限りにおいて、人々が集まる場としてのソーシャルメディアは重要な存在でありつづけます。逆に、マーケティングがその本質を見失うのならば、ソーシャルメディアはマーケティングに対立し、企業にとって恐怖の存在になります。

本書は、ソーシャルメディアとマーケティングに興味のある方々を対象に書かれています。ソーシャルメディア・マーケティングの考え方は、消費財企業（B to C企業）はもちろん、産業財企業（B to B企業）においても、公共・非営利組織においても、企業の規模にかかわらず、同じように有用です。特に、取引相手である顧客に対して、これまでも営業などを通じて密な関係性を構築してきた企業にとっては、そうした関係性がデジタル時代になりますます重要になっていることに気づくでしょう。

顧客の必要に応え、よりよい社会を創り出すため、顧客を知るということ（第3章）、顧客に伝えるということ（第4章）、顧客と繋がるということ（第5章）、顧客とともに価値を創り出すということ（第6章）。そしてもちろん、これら4つの活動を実際に計画・実行し（第2章）、成果を測定して絶えず改善していくということ（第7章）。これらソーシャルメディア・マーケティングの実践は、今日のすべての企業や組織がデジタル時代を生きるために目指すべき姿です。

本書の執筆にあたり、本当に多くの方々にご協力をいただきました。一人一人のお名前を挙げるには紙幅がありませんが、改めまして心よりお礼申し上げます。また、2017年に行われた日経企業行動カンファレンスをきっかけとして、本書の企画段階から出版に至るまで、日本経済新聞出版社の細谷和彦氏には編集作業はもとより、進捗管理に至るまで大変お世話になりました。心よりお礼申し上げます。

2018年5月

水越　康介

ソーシャルメディア・マーケティング　目次

第2章 計画し、実行する

第3章　顧客を知る

第4章　顧客に伝える　101

第7章　成果を測る

第1章

ソーシャルメディア・マーケティングとは何か

1　なぜ今ソーシャルメディアなのか

デジタル時代の到来

インターネットやソーシャルメディアの広がりは、人々の生活を大きく変えるとともに、マーケティングのあり方にも大きな影響を与えています。インターネット上には人々の声があふれ、企業はこれまでなかなかわからなかった顧客の本当の必要性を知り、製品やサービスの開発を進めることができるようになっています。人々の声は口コミでもあり、称賛も批判も、無数の情報がソーシャルメディアで広がっていきます。もし、企業も個人と対等な一アカウントとしてその場に参加することができれば、コミュニティの一員となることもできます。

こうした現実は、21世紀になり、急速に当たり前になりました。確かに、人々へのエンパワーメント（力の付与）が進み、生産者と消費者という、固定的で一方向的な関係が崩れていく流れはずっと昔からありました。マーケティングという100年を越える考え方の発展自体が、そもそも、生産志向から顧客志向、さらには社会志向へという流れそのものでもあります。マーケティングが販促手法の一つにすぎないと考えられていた時代も、ずいぶん昔となりました。ピーター・ドラッカーが、「マーケティングはモノを売るというセリングを不要にする」と述べたのは、すでに1970年代のことです。

しかしそのマーケティングでさえ、ここまで急速に生産者と消費者の関係が流動的で双方向になるとは予想していなかったかもしれません。マーケティングの歴史を長くみてきたであろうノースウェスタン大学のコトラー教授たちもまた、トラディショナルからデジタルへの転換を説く書籍『コトラーのマーケティング4・0』の中で、「(2010年に)『コトラーのマーケティング3・0』を書いてから、とりわけ技術の進歩という点で多くの進展があった(邦訳2頁、括弧内は著者加筆)」と述べています。

デジタル時代の中心に位置するものこそ、ソーシャルメディアにほかなりません。顧客志向や社会志向を標榜するマーケティングにおいて、ソーシャルメディアに集まる人々の存在を無視することはできません。同時に、顧客志向や社会志向を標榜しないマーケティングがあるとすれば、そこでもまた、ソーシャルメディアは無視することができないでしょう。ただし、その場合には悪魔的な炎上の場所として。

ソーシャルメディアを代表するSNS(ソーシャル・ネットワーキング・サービス)も、この数年でますます発展しています。特に日本では情報インフラになりつつあるLINEをはじめ、フェイスブック、ツイッター、それから「インスタ映え」が２０１７年の流行語となったインスタグラムなど、次々と新しいサービスが開始され、インターネット空間を盛り上げています。世界での月間アクティブユーザー数の推移をみると、特にフェイスブックの成長が目につきます。インスタグラムのユーザー数はツイッターよりも大きくなりました。今では、フェイスブックとインスタグラムは同じ運営会社ですから、ユーザーの重複はありますが、いよいよ世界規模の巨大なソーシャルメディアが生まれていることがわかります(図表1－1)。

国内に目を転じれば、最も使われているのはＬＩＮＥで６８００万人、次いでツイッターは４０００万人、フェイスブックが２８００万人、インスタグラムが１６００万人程度と推定されています。

さらに加速するデジタル化

ソーシャルメディアをはじめとするデジタルの世界は、ＳＮＳのような具体的なサービスはもとより、様々な技術に支えられて成り立っています。同時に、その技術は今も急速に進歩しています。例えば、少し前までは、インターネットもソーシャルメディアもパソコンを

図表1-1　世界における主要SNSの月間アクティブユーザー数の推移

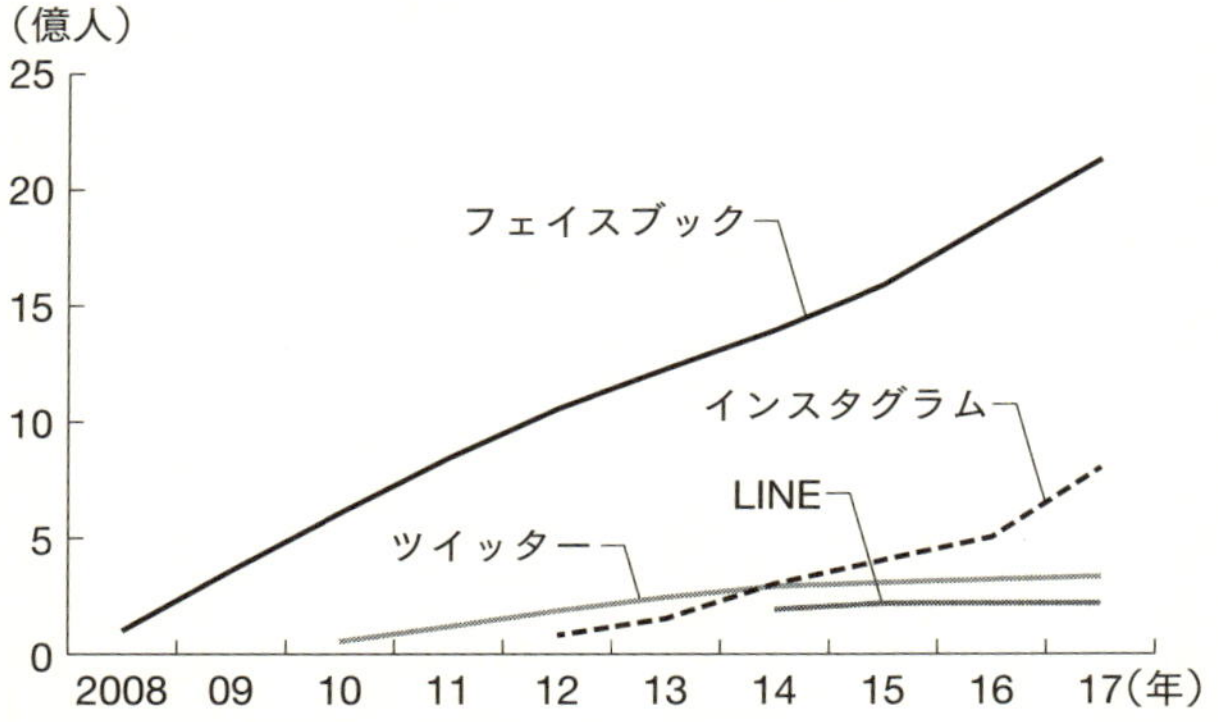

※statista（https://www.statista.com/）と各社プレスリリースをもとに作成

通じて利用されていました。しかし、スティーブ・ジョブズが2007年に「電話を再発明する」と述べて以降、iPhoneをはじめスマホ機器が世界中に普及し、多くの人々は、スマホを用いてインターネットやソーシャルメディアを利用するようになりました。今では、お金の支払いすらスマホで簡単に行うことができます。

総務省がまとめたトラフィック量の推移をみると、インターネットに繋がるブロードバンド回線のトラフィック量は、近年になりますます増えています（図表1―2）。人々はもちろん企業もまた、その流れの中にいます。その一方で、機器ごとの利用時間をみると、パソコンを用いてインターネットを利用する時間はそれほど増えていません。増えているのは、スマホなどモバイルを用いたインターネットの利用です（図表1－3）。今日のインターネット上の多くのサービスは、ソーシャルメディアを含め、スマホでアクセスすることを前提に構築されていることが想像できます。

通信速度もどんどんと向上しています。インターネット以前のパソコン通信の頃には、kbps（キロ・ビット・パー・セカンド）の単位が当たり前でした。しかし今では、キロではなくメガ単位で議論されています。スマホにおいても3Gから4Gへと移行が進み、2020年に実用化が目指されている5Gにおいては、もはやメガではなくギガ単位でのやりとりが可能になります。当然、送受信できるデータの容量も大きくなります。テキストベースの情報はますますグラフィカルになり、綺麗な動画がコマ落ちせずにみられるようになるでしょう。

最近の学生の話でいえば、彼らはスマホの画面で教科書も論文も読みます。画面が大きくなったせいか、それほどみにくいと思っているわけではないようですし、紙に印刷することの面倒くささの方が大きいようです。また、こちらもよくいわれることですが、レポートもスマホで作成します。キーボードがなくてもフリック入力で器用に文章を書き上げます。家

図表 1-2　国内ブロードバンド上のトラフィック量の変化

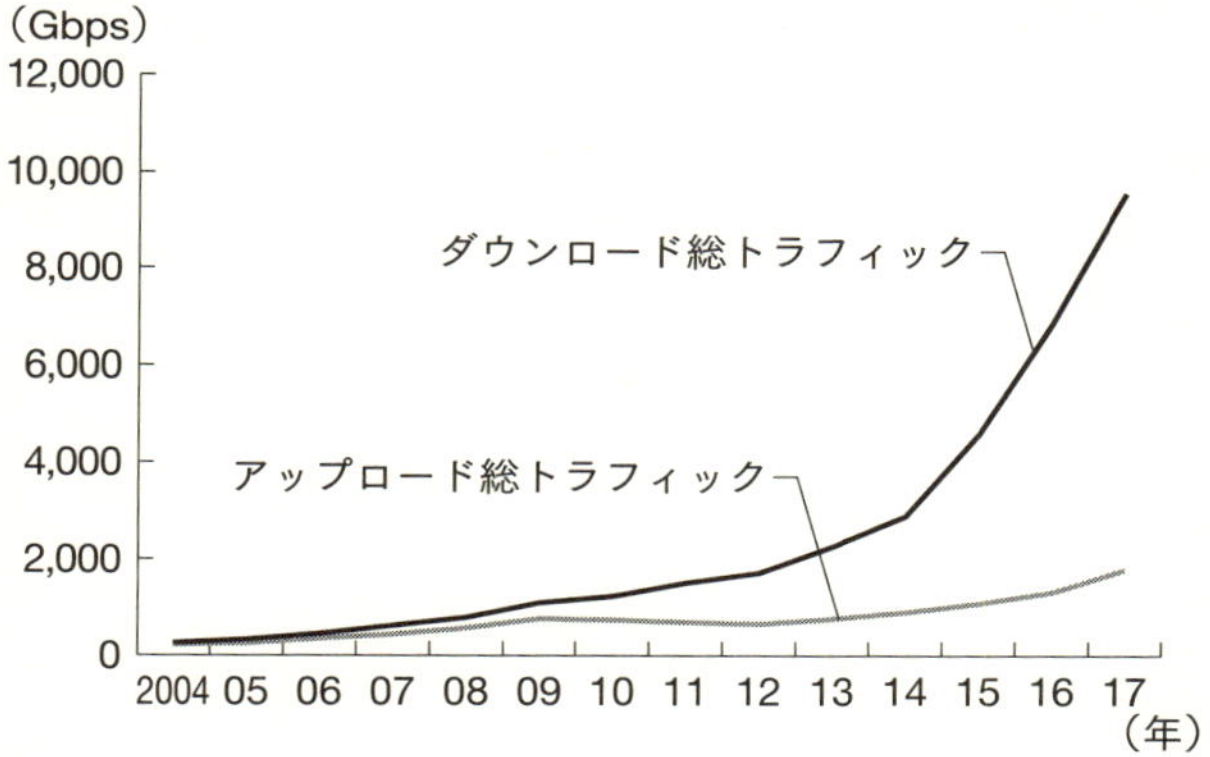

※総務省「我が国のインターネットにおけるトラヒックの集計・試算」をもとに作成

図表 1-3　主な機器によるインターネットの平均利用時間

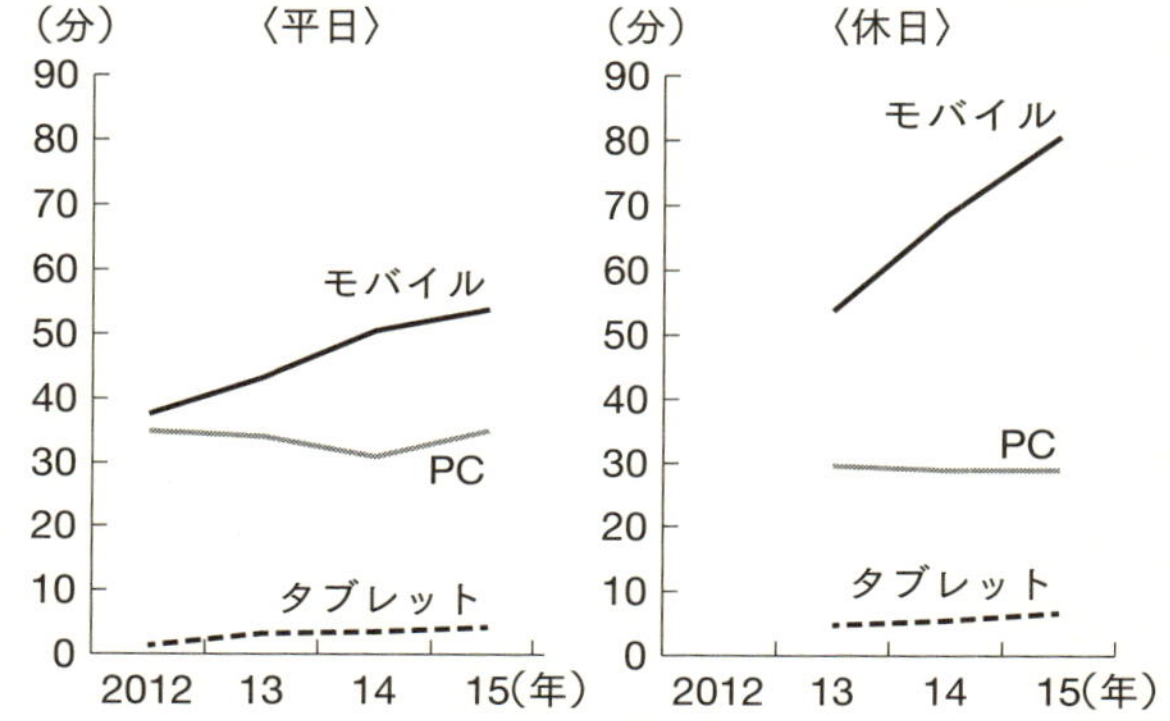

※総務省「情報通信白書平成 28 年版」をもとに作成

にテレビがないという学生も決して少なくなく、リアルタイムでなくても、必要があれば動画サイトで番組を探せばよいと思っている学生もいます。アベマTVやネットフリックスが広まれば、むしろネット上でテレビをみるというスタイルの方が当たり前になっていくかもしれません。

スマホの普及にとどまらず、さらなるデジタルデバイスもまた、ウェアラブルデバイスなど様々に開発が進められています。スマートウォッチやスマートグラスは、いずれスマホ以上に重要な存在となりそうです。これらの普及は、例えばグーグルグラスの社会実験が賛否両論を引き起こしたように、人々の一般生活や消費行動に大きな影響を与えるでしょう。ゲームの世界では、すでにソニーのプレイステーションVRやオキュラスリフトなど、製品化されて話題になっているものもあります。

デジタルデバイスを動かしているソフトウェアも進歩しています。最近では、子供向けのプログラミング教室が人気だといいます。かつては計算のためにFortranを習うこともありましたが、今ではもっと便利なプログラミング言語がたくさん生まれ、Scratchなどは本当に視覚的でそれ自体がゲームのようです。デジタル時代におけるマーケティングでは、こうした技術の進歩に乗り遅れないようにしながら、同時に人々の必要に応え、彼らとともに活動していく必要があります。

2 デジタル時代のマーケティング

ソーシャルメディア・マーケティングの定義

デジタル時代にあって、インターネットやソーシャルメディアをマーケティングにどう活用するのかという問いは、もはや古い問いといえるかもしれません。インターネットやソーシャルメディアを抜きにしたマーケティングや企業活動など、今ではそちらのほうが考えにくいからです。

インターネットやソーシャルメディアを当たり前のものとして取り入れたマーケティング活動を、デジタル時代のマーケティングとしてデジタル・マーケティングと総称します。言葉からして、デジタル・マーケティングの射程は広範に及びます。インターネットやソーシャルメディアのみならず、カスタマー・リレーションシップ・マネジメント（CRM）やマーケティング・オートメーション（MA）といったシステムの導入や、さらには最近であればAIやIoTと結びつけられ、例えばグーグルやアマゾンにみるような巨大なIT企業の活動そのものを指し示すこともできます。昨今注目を集めるウーバーやエアー・ビー・アンド・ビー（Airbnb）に代表されるシェアリング・エコノミーを牽引している企業もまた、デジタル・マーケティング・カンパニーとみなすことができるかもしれません。

本書の中で、これらすべてを網羅することはできません。そこで本書では、デジタル・マーケティングの中でも、よりインターネットやソーシャルメディアの活用に焦点を当てたマーケティングとして、ソーシャルメディア・マーケティングを考えていくことにします。ソーシャルメディア・マーケティングはデジタル・マーケティングのテーマも様々に含みますが、少し範囲を狭めたものだと考えてください。具体的には、これからみていく通り、インターネットやソーシャルメディアの活用に焦点を当て、①顧客を知り、②顧客に伝え、③顧客と繋がり、そして④顧客とともに価値を創り出すことを目指す一連のプロセスを、ソーシャルメディア・マーケティングと呼ぶことにします。当然、この一連のプロセスでは、既存メディアはもちろん、他のマーケティング要素も重要になってくることはいうまでもありません。

それからソーシャルメディア自体も、意味する範囲の広い言葉です。この定義も様々ですが、本書では、インターネット上で行われている、人々による情報発信やインタラクションを可能にするサービス、具体的には、先のフェイスブックやツイッターなどのSNS、動画サイト、ブログやウィキペディア、さらにはアマゾンやトリップアドバイザーなどのカスタマーレビューや口コミサイトも広く含む対象をソーシャルメディアと捉えます。逆に、企業のホームページやポータルサイトなどは、もちろん例外もありますが、それ自体はソーシャルメディアには含みません。

デジタル・ネイティブはどう行動しているのか

デジタル・マーケティングにせよソーシャルメディア・マーケティングにせよ、定義以上に理解しなくてはならないことは、デジタル時代における人々の変化です。先に紹介した学生をはじめ、現在20代の多くは、生まれた時にすでにインターネットがあった世代です。スマホも当たり前であり、最初から様々な世界がデジタルで繋がれた中で生きています。デジタル・ネイティブという言葉が示すように、その日常の経験は彼らの消費行動にも大きな影響を及ぼしていると考えられます。

改めて身の回りの事例でいえば、学生のソーシャルメディアの利用方法を聞いていると、色々と新しい発見があります。「最近はインスタグラムを使うのかな？」と、２０１７年の年末、大学のゼミ生に聞きました。彼らは、「ストーリーズを使う」と言いました。「ストーリーズ？」私はその存在をよく知りませんでした。正直な話、インスタグラムでさえ新しいソーシャルメディアという感があったわけですが、すでにその先のソーシャルメディアが登場しているということでしょうか。

改めて聞くと、ストーリーズとは、スナップチャットのインスタグラム版であることがわかりました。スナップチャットは、共有した写真や動画が時間が経つと自然に消えてしまうというギミックを実装したSNSです。その瞬間の繋がりや、消えてしまうことを前提にこれまで送りにくかったような写真や動画を共有する楽しさが受け、欧米の若者の間で大人気となりました。人気のサービスが出ると、その機能を取り込んでしまうのが良くも悪くもインターネットサービスの一つの特徴です。インスタグラムも、早速これをストーリーズ機能として取り込んだのです。

学生のストーリーズ機能とインスタグラムの使い分けは卓越しています。日々のサークルやちょっとした旅行の記録は、リアルタイムでストーリーズに次々に投稿されます。ストーリーズは親しい仲間に公開され、共有されます。ストーリーズの特徴として、後には残らない瞬間的な楽しさが得られます。サークルや旅行が終わると、学生はたくさん撮影し、その時にはストーリーズに投稿していた写真を精査します。そして、最も印象的でうまく撮れたと思う写真や、周囲から評価の高かった写真を選び出し、加工し、インスタグラムに投稿するのです。いわゆるインスタ映えする一枚は、こうしてソーシャルメディア上に映し出されていたわけです。デジタル時代のコト消費の形だといえます。

デジタル・ネイティブというと先天的な才能ということにもなりますが、実際には、デジタルに関わる知識を様々に吸収し、リテラシーを高めている人々が世代を問わず多く存在しています。フェイスブックで日常の食事写真を投稿する人々も同様です。写真を撮るためにおしゃれなお店に行くのは本末転倒のようにみえますが、そもそも、食事するということが私たちにとってどういう意味を持っているのかを考えることは重要です。私たちは、随分前から、生きるために食べるという低次の欲求を満たそうとする以上に、豊穣な意味をその中に見出してきました。デジタル時代では、こうした意味が様々な形を取り、インターネットやソーシャルメディア上に表出しています。

人々が次々に投稿するコンテンツは、第5章で後述するとおりUGC（User Generated Contents）と呼ばれます。これらは人々の何気ない日常でもあるとともに、時に大きく拡散し、社会現象を作り出すことさえあります。2016年、中村印刷所が生産したものの在庫の山となっていた水平開きノート「ナカプリバイン」が突然売れ始めました。きっかけは、

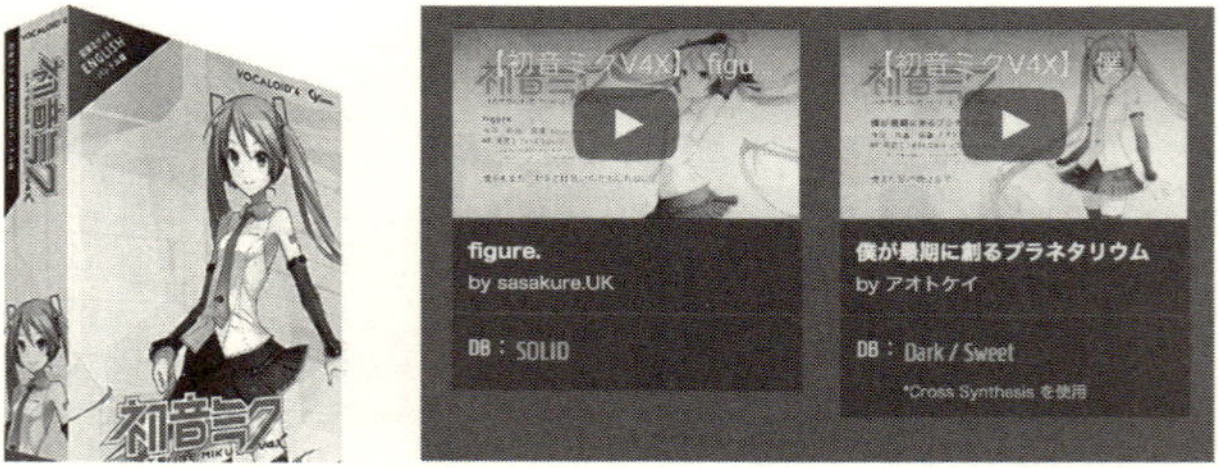

初音ミクとユーザーによるデモソング
（https://ec.crypton.co.jp/pages/prod/vocaloid/mikuv4xb）

開発者の当時専門学校に通っていた孫が、このノートをツイッター上で紹介したことだったとされます。瞬く間に在庫は売り切れてしまい、さらに大きな追加生産が必要となりました。大きな混乱の後、ショウワノートとも提携し、今では広く水平開きノートが販売されるようになっています。

一度ソーシャルメディア上で注目を集めれば、単に話題になるというだけではなく、それ自体がビジネスにもなります。ユーチューバーと呼ばれる人々は、ユーチューブ上で製品やサービスを紹介することが収入の基盤です。フォーブスによれば、スウェーデンのピューディパイ（PewDiePie）は2016年に1500万ドルを稼いだといいます。この収入には、動画の再生前に配信される広告やコンテンツ内で紹介する製品などのスポンサー、出版する書籍などからの収入などが含まれています。

日本をみれば、ユーチューブに限らず、例えばＬＩＮＥではスタンプを制作して販売することができます。企業がプロモーションの一環として行うことはもちろんですが、必ずしもデザイナーでなくとも、学生であっても、自作スタンプの販売を通じて収入を得ることができるようになりました。

ＵＧＣに対して、企業は素材を提供したり人々を支援することで関わることができます。ヤマハが開発した音声合成技術ＶＯＣＡＬＯＩＤは、そのソフトや、クリプトン・フューチャー・メディア社による初音ミクというキャラクターを用いて歌ってみる動画を配信するユーザーを数多く生み出しました。さらに、こうしたＵＧＣの成果をオフラインの場に移し、ニコニコ動画で知られるドワンゴはニコニコ超会議を毎年開催するなど、多くの人々を巻き込んだ活動が様々に行われています。

3　マーケティングの本質

「共創」と「協働」がキーワードに

ＵＧＣにみられるように、今日の人々は単なる消費者ではなく、積極的に「生産」にも関わっています。かつて未来学者アルビン・トフラーが示したプロシューマー（生産者であるプロデューサーと、消費者であるコンシューマーを組み合わせた造語）が当たり前になり、消費者や顧客という存在そのものが変わってきています。デジタル時代においては、顧客は、企業のマーケティング活動の一方的なターゲット、標的ではありません。企業は顧客の必要に応え、顧客とともに、価値の創造を目指さなくてはなりません。マーケティングでは、近年、こうした活動を共創（co-creation）や協働（co-working）と呼ぶようになっています。

顧客とともに価値の創造を目指すということは、しかし同時に、マーケティングにとっても元来重要な考え方だったことを思い出す必要があります。例えば、ブランディングを考えた場合にも、いかにブランドが重要であるとはいえ、そのブランドの価値は企業の自由になるわけではありません。流通科学大学の石井元学長が『ブランド 価値の創造』で紹介しているように、かつてコカ・コーラが味を変更しようとした時、顧客はこぞって反対の意を示し、結果としてクラシック・コーラを発売せざるを得なくなりました。事前に行われた味のブラインド・テストでは、新しい味のほうが評価が高かったにも関わらずです。

最近でも、GAPのロゴ変更に顧客が反対し、わずか数日で新しいロゴを撤回することになりました。興味深いことに、コカ・コーラの時代とは異なり、GAPのロゴ変更はデジタル時代に行われた出来事でした。ロゴ変更の情報は、すぐさまツイッターやフェイスブック上で大きな炎上を引き起こします。それを受けて、GAPは社長自らフェイスブックに投稿し、人々の声を受け止め、新しいロゴやデザインの意見を自由に募集することを提案したのです。一見すると悪くないようにもみえる迅速な対応でしたが、結果はさらなる炎上に繋がりました。意見を集めるのならばロゴやデザインを決める前に行うのが普通ですし、この段階でこうした流行りの方法を提案すること自体が、炎上に便乗した悪ノリのように感じられてしまったからです。

コカ・コーラにせよ、GAPにせよ、逆説的ですが、顧客に受け入れられた優れたブランドであればあるほど、企業の手からは離れていきます。ブランドの価値が、自分たちだけではなく顧客とともに創り上げられているということを意識することは、マーケティングの本質的な問題です。

当然、ソーシャルメディア・マーケティングにおいて求められる顧客との共創や協働もまた、一筋縄ではいきません。マーケティングがこれまで向き合ってきた意のままにならない他者としての顧客に対して、ソーシャルメディア・マーケティングは技術の進歩を通じてより近づき、より深く理解することを可能にしています。と同時に、それゆえに、これまで以上に繊細で丁寧な活動が求められるようになっているといえます。

私たち消費者からすれば、自分からどこか遠いところで大きな声で宣伝されてもそれほど気になりませんが、自分の耳元では、どんなに小さな声でつぶやかれたとしても気になってしまいます。あるいは、気になる以上に、いらいらすることになるでしょう。インターネットやソーシャルメディアでバズることを狙う人々は、一方で、自分の耳元でバズられたときの気分の悪さを思い出す必要があります。消費者が生産に関わるようになっていることを理解するとともに、マーケターは、自分もまたひとりの消費者であり、同じ生活者であることを見つめ直すときです。

これまでのマーケティングの延長線上で考える

技術の進歩は、これまでにないほど人々に大きな力を与えています。そこだけに注目すると、デジタル・マーケティングやソーシャルメディア・マーケティングもまた、全く新しい何かのように感じられるかもしれません。しかし、ここまで述べたように、むしろインターネットやソーシャルメディアの発展はマーケティングの発展そのものであり、マーケティングの本質を具現化してきたといえます。それゆえに、デジタル・マーケティングやソーシャルメディア・マーケティングでは、トラディショナルなマーケティングが不要になるというわけではありません。むしろ逆に、これまで培われてきたマーケティングの理論や考え方は、デジタル時代においても有用のはずです。

デジタルやソーシャルメディアという流行の言葉に、簡単に惑わされないようにすること。本書では、個別のソーシャルメディアの特徴や使い方というよりも、マーケティング戦略やマーケティング・コミュニケーションに関するこれまでの理論や考え方を念頭に置きながら、ソーシャルメディア・マーケティングを提示したいと考えています。

具体的に、デジタル・マーケティングやソーシャルメディア・マーケティングにおいて、これまでの理論や考え方からどのような新しい可能性を見出すことができるのでしょうか。例えば、マーケティングの基本要素として知られるマーケティング・ミックスの観点からみてみましょう。マーケティング・ミックスとは、製品、価格、プロモーション、流通の4つの要素からなります。顧客に向けてこれら4つの要素をうまく組み合わせることがマーケティング戦略の基本であるとともに、それぞれについて、さらに深掘りしていくことでマーケティングの知見を深めることができます。

一つ目の製品やサービスでは、先に述べたように、生産者である企業が作り、消費者や顧客が使うという区分が不明確になっています。もっとも典型的なのは、インターネットやソーシャルメディアを利用して顧客とインタラクションしながら開発を進める顧客参加型製品開発や、さらには顧客自身が開発の起点となることを支援するクラウドファンディングの台頭です。

例えば、詳しくは第5章で紹介する通り、レゴ社は顧客が考えた製品アイデアについて、他のユーザーからも一定の支持が得られれば実際に製品化して販売するという仕組みを整えています。また、キックスターターやキャンプファイアーといったクラウドファンディングサイトでは、ユーザー自身が必要だと考える製品やサービスを提案し、同じように一定数の支持や資金が集まると実際に開発をすすめることができます。キックスターターでは、クラウドファンディングに成功したプロジェクト数は２０１８年までに13万８６２４件に達し、提供された資金の総額は35億54万７１５ドル（1ドル１１０円だとおよそ３８５０億円）に及んでいます。

価格に関しても、デジタル時代には企業が一方的に価格付けすることは難しくなります。インターネット上では原価に関する情報が広まっていることも多く、顧客が本当に納得できる価格付けが必要とされることになります。少し前ですが、ライフネット生命が「保険の原価」をウェブ上で公開し話題となりました。また、よりデジタル時代らしい価格付けとして、ヤフーやイーベイにみるネットオークションや、メルカリのようなフリマサイトやアプリを挙げることもできます。こうなると、価格はあってないようなものになります。インターネット上で提供されるサービスは、無料で配布されることも多くなっています。オンラインゲームやスマホのアプリゲームは、その多くが無料で遊ぶことができ、一部のヘビーユーザーだけが課金する「フリーミアム」を採用しています。

プロモーションは、UGCの利用やフリーミアムの方法も含め、インターネットやソーシャルメディアでは中心的な話題です。デジタル・マーケティングやソーシャルメディア・マーケティングも、実際はプロモーションを指すという場合も多いでしょう。フェイスブックやツイッター、さらにはユーチューブといったソーシャルメディアを用いることにより、企業はもちろん、これまでそうした術のなかった一般の個人もまた、簡単に情報を発信することができます。同時に、テレビや雑誌とは異なり、情報の送り手は、受け手の反応をリアルタイムに確認することができます。インタラクションすることもできます。こうした反応の結果は、膨大な量で蓄積され、マーケティングの成果指標になるとともに、次の指針となります。

最後に、流通という点からも、デジタル時代にはこれまでにない経路が構築されます。生産者は、インターネット上に自社店舗を構え、自社製品やサービスを販売することができます。あるいは、ウーバーやAirbnbのようなシェアリング・サービスでは、共有という形で、顧客間で直接サービスが融通されています。いずれも、実店舗を持たずとも、物流や共有の仕組みを介して製品やサービスを相手に届けることができるわけです。インターネット上での販売は、これまでみてきたデジタル時代の製品開発や価格付け、さらにはプロモーションとも強く関連しており、ほとんどインターネット上だけで完結するような企業の活動さえ考えることができるようになっています。

近い将来、欲しいものや作りたいものが思いついたのならば、インターネット上に投稿して設計図を考えてもらい、気に入ったらデータとして購入してダウンロードし、最後は自宅の3Dプリンターで実際のものを作り出す、といったこともできるようになるかもしれません。

4 本書の構成

こうして、インターネットやソーシャルメディアが新しいマーケティング活動を作り出すことがわかります。と同時に、こうした活動の多くは、例えばマーケティング・ミックスのように、既存のマーケティングの枠組みからも整理して捉えられることもわかります。

本書では、デジタル時代の到来を踏まえ、既存のマーケティングの枠組みをうまく利用しながら、インターネットやソーシャルメディアの特徴を捉えていきます。具体的に、本書では、マーケティングの主題である顧客との接点に注目しながら、大きく6つのテーマを説明します。これらは、計画と実行から測定を繰り返すマーケティングの一連のプロセスと、そのプロセスにおいて重要になる4つの要素からなります（図表1－4）。

第2章は、ソーシャルメディア・マーケティングの計画と実行に関する大枠の流れです。マーケティングを実務において行うという場合には、当然、マーケティングの一連のプロセスを理解する必要があります。外部環境と内部環境を捉え、目標を定めるとともに誰が顧客なのかを見極めること、その上で細かい計画を組み立てます。合わせて、特にインターネットやソーシャルメディアを活用するという場合には、新たに注意しなくてはならないポイントが出てきます。

第3章から第6章では、インターネットやソーシャルメディアの特徴に合わせ、顧客との関わり方を大きく4つのCo-、すなわち、顧客と「ともに」行う活動として捉えていくことにします。すでにリーとバーノフによる書籍『グランズウェル』では、SNSをはじめとす

図表 1-4　ソーシャルメディア・マーケティングの構図

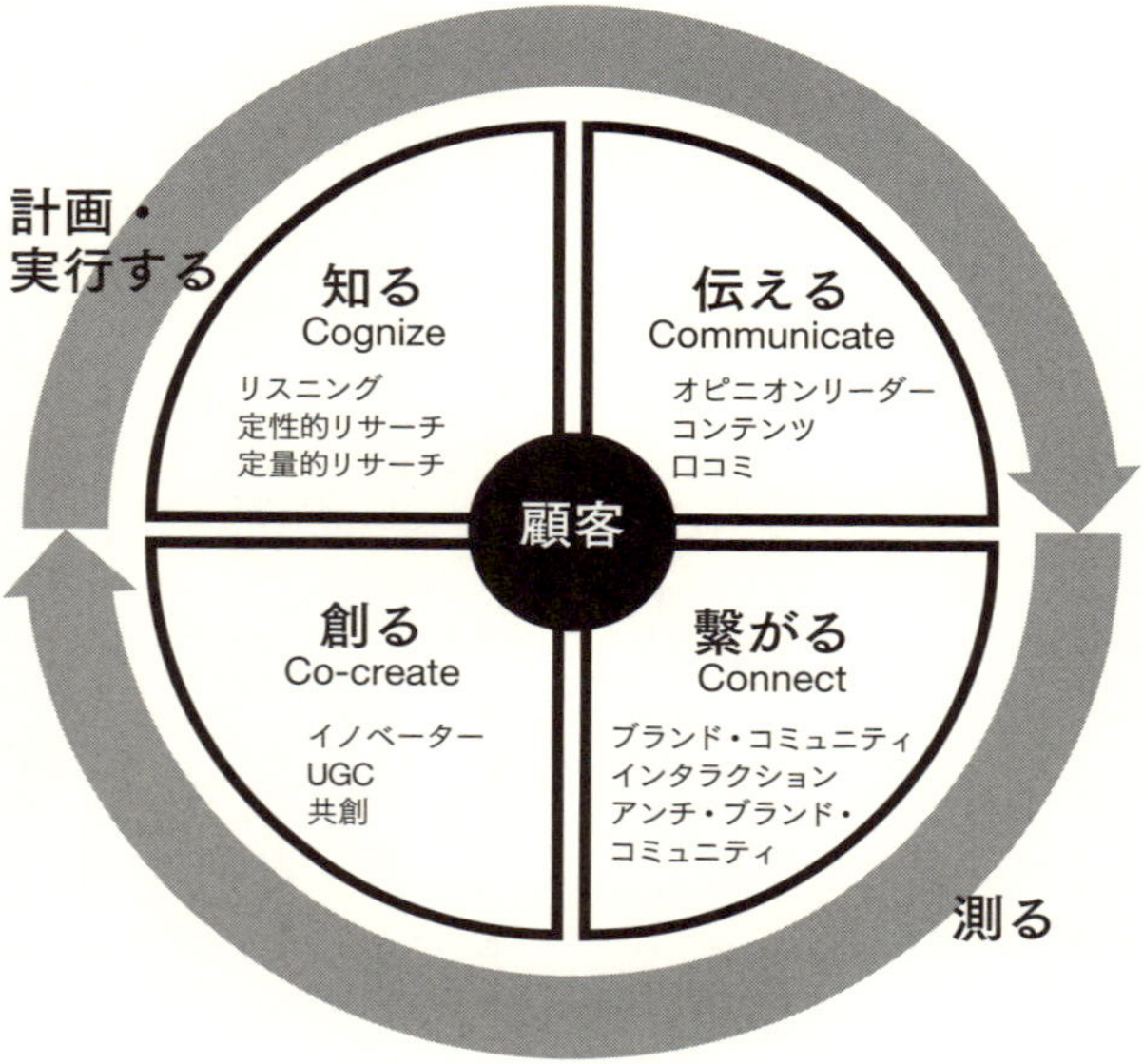

る社会現象をグランズウェル（人々のうねり）と呼び、企業はグランズウェルに耳を傾け、話をし、活気づけ、支援し、そして統合することが重要になると指摘されていました。これらを元に、顧客を知るということ（Co-gnize）、顧客に伝えるということ（Co-mmunicate）、顧客と繋がるということ（Co-nnect）、そして、顧客とともに創り出すということ（Co-create）に注目することができます。

第3章の「顧客を知る」では、これまでのマーケティング・リサーチを踏まえながら、インターネットやソーシャルメディア上の人々を観察し、彼らの必要を見出し、その必要に応えていく傾聴の方法を考えます。合わせて、インターネットやソーシャルメディア上にはたくさんの情報が公開されているとはいえ、これらのすべてを一方的に利用していいわけではない、ということについても確認したいと思います。

第4章では、「顧客に伝える」ということについて考えます。先にも少し述べたとおり、インターネットやソーシャルメディアに多く期待されているのは、プロモーションとしての役割でしょう。しかしながら、インターネットやソーシャルメディアは企業からの情報を反復し、増幅する機械ではありません。これまでのマーケティング・コミュニケーションの知見をもとにしながら、どこまで同じ論理で考えることができるのか、何を新しく注意する必要があるのかについて確認します。

第5章は、「顧客と繋がる」ことについて、第4章の伝達とも関連して学びます。こちらもまた、インターネットやソーシャルメディアに強く期待されてきた役割の一つです。特に企業にとっては、顧客との距離が大きく縮まるとともに、これまでマスマーケティングをせざるをえなかった大企業ですら、顧客とインタラクションすることが可能になりました。その中で、企業と顧客はどこまで対等になることができるのか。コミュニティの形成について考えます。

第6章では、「顧客と創る」ことを考えます。先に説明したとおり、今日のマーケティングにおいて強調されるのは顧客との共創や協働です。インターネットやソーシャルメディアの発展は、こうしたマーケティングの考え方を強力に後押ししています。かつては生産財など限られた領域で行われてきた活動が、たくさんの消費者を相手にする消費財でも可能になりつつあります。その一方で、顧客は企業とともに創るだけではなく、UGCにみるように、自分たちでも自由に創造しています。その可能性を確認します。

最後に第7章では、これまでの議論はもとより、第2章のソーシャルメディア・マーケティングの計画と実行に改めて戻り、成果を測るということについて説明します。成果の測定は、継続的にマーケティングを行う上で必要不可欠です。同時に、インターネットやソーシャルメディアを活用する場合には、計画と実行、実行と成果の測定の距離を縮めることも可能になります。継続的なマーケティング活動と顧客との価値の創造を目指し、ソーシャルメディア・マーケティング全体を作り上げていく必要性を確認します。

この分野の発展は非常に速く、こうしてまとめられた情報は、ややもすればあっという間に陳腐化するものと思われます。今日話題のソーシャルメディアの様々なサービスも、明日には人々に飽きられてしまい、別のサービスが流行っているかもしれません。これに対して、本書は、できるだけデジタル時代を追いかけながら、同時に、陳腐化しにくいであろう考え方や理論に焦点を当てています。すでに述べたように、マーケティングの100年を超える発展に依拠しながら、ソーシャルメディア・マーケティングを捉えるということです。変わっていく部分と変わらない部分をうまく見極めて、変わらない部分にもとづきながら、変わっていく部分を捉えていきます。

第2章

計画し、実行する

1　効果を最大化するにはプランニングが必要

本章では、ソーシャルメディア・マーケティングを実際に行う場合の基本的な手順を確認します。この際には、一般的なマーケティング戦略の策定手順を参考にすることができます。プロモーションであれば、マーケティング・コミュニケーションの策定手順を用いることで、効率的に作業を進められます。マーケティングではおなじみともいえる、ＳＴＰ（セグメンテーション・ターゲティング・ポジショニング）と、第1章でもみたマーケティング・ミックス、あるいはメディア・ミックスを元にして、顧客を知ること、顧客に伝えること、顧客と繋がること、顧客とともに創ることを実行に移していくことができます。

ＳＴＰでは、まずは市場にはどのような顧客やニーズが存在しているのかを確認し（セグメンテーション）、その上で誰を主要な顧客だとするのかを決め（ターゲティング）、そして彼らのためにどのような価値を提供するのかを考えます（ポジショニング）。合わせて、マーケティング・ミックスとして、具体的な製品やサービスの提供に向け、製品・価格・プロモーション・流通という大きく4つの要素の組み合わせを定めます。特にプロモーションを考えるという場合には、メディアの選択と組み合わせが必要になり、インターネットやソーシャルメディアはもちろん、テレビ・新聞・雑誌・ラジオといった既存メディアとのメディア・ミックスを考えることになります（恩蔵直人『マーケティング』日経文庫）。先に、デジタル時代において顧客はもはや単なる標的ではないと述べましたが、だからといって、世界中の人々といきなり共創や協働できるわけではありません。

ソーシャルメディアにも今までのように計画と実行の管理が必要だというと、人によっては少し違和感を覚えるかもしれません。ソーシャルメディアは誰でも無料で利用することができ、その手軽さこそが利点であるとも考えられるからです。わが社はそもそも人も金もないのだから、簡単そうにみえるソーシャルメディアを使ったマーケティングをまずは考えているのだといわれるかもしれません。

たしかに、このような場合には大掛かりで詳細なプランニングは不要であり、とにかくまずは実行あるのみといえるかもしれません。例えば、ゆる系公式アカウントの先駆けとして知られるツイッターの企業アカウントの一つNHK_PRは、のちに正式な担当者となる広報の一人のスタッフが、２００９年に非公式に始めたものです。担当者であった浅生さんによる書籍『中の人などいない』では、その頃の出来事が詳しく紹介されています。またフェイスブック上で同様に人気のある伊藤ハムのハム係長もまた、２０１１年の立ち上げ時期には業界での先端事例として話題になること自体が一つの目的だったといいます。もちろん、彼らには彼らなりの周到な計画があったはずですが、その成果は、実際にやっていく中で大きくなっていたものと思われます。

小さな予算でできることから始めていくという考え方は、一面では正しく、ソーシャルメディア・マーケティングを考える上でも重要です。とはいえその一方で、より明確な効果を得ようとするのならば、マーケティング目標の下、プランニングが有効であることは繰り返すまでもありません。

特に今日では、ソーシャルメディア黎明期とは異なり、多くの企業が複数のソーシャルメディアを異なった目的に応じて利用するようになっています。もし、その企業がこれから初めてソーシャルメディアを利用するというのであれば、まずは実験として始めるということにも意味があります。しかし、そうした企業はもはや多くはないと思いますし、仮にそうであったとしても、いつまでも実験的に運用し続けるというわけにはいきません。本格的に運用していくことになれば、いずれ、プランニングが必要になります。

例えば、トヨタ自動車のホームページをみると、2018年、ツイッターでは3つのアカウントが運用され、フェイスブックでは英語も含めて5つのアカウントが存在していることがわかります。これだけではありません。ユーストリームでは2つ、ユーチューブでは3つの動画チャンネルも運用されています。

トヨタ自動車の場合、日本語のアカウントと英語のアカウントで主要顧客が異なることは容易に想像がつきます。顧客が異なれば、発信する情報やインタラクションの内容も変えなくてはならないでしょう。さらに、同じ日本語であっても、フェイスブックとツイッターでも顧客が異なると考えられます。日本では、ツイッターのほうが利用者層が広く、匿名性が高いこともあり面白い投稿やマニアックな趣味の投稿が盛んに行われています。一方で、フェイスブックでは個人名を出した上で、どちらかというと年齢層も高く、真面目で大人な会話が多くみられます。当然、どちらのソーシャルメディアを選択するのかということは、マーケティング目標や主要顧客の問題となります。さらに、同じソーシャルメディアであっても、より細かいセグメンテーションが考えられます。例えば、フェイスブックでは、顧客の属性に応じたより細かい顧客設定と広告の配信ができます。

主要顧客ごとに利用するメディアやアカウントを変えるだけではなく、逆に、同じ主要顧客に対して、カスタマージャーニーに沿って複数のメディアやアカウントを配置することもできます。東急ハンズのツイッターの企業アカウントでは、本社が運営する一般的なインタラクションや広報を中心としたアカウントとともに、各個店がアカウントを運用して店舗内の在庫情報などを提供しています。この場合には、東急ハンズに買い物に行く顧客に対して、その時々に応じて複数のソーシャルメディアが用意されているということになります。

このように複数のソーシャルメディアを活用するというのならばもちろん、たとえ単一のアカウントだけを利用するにしても、その効果を最大化するためにはプランニングが有用になります。ここで必要とされるプランニングとは、達成すべき目標を設定し実現していくプロセスであり、具体的にどのような戦略や戦術を用いればよいのかを検討し、実際に実行し、その結果がどうであったのかを測定し、フィードバックする一連のサイクルのことです。いわゆるPDCAが求められるとともに、デジタル時代を反映し、そのサイクルを速くすることが必要です。

デジタル時代にあっては、単なるPDCAではなく、高速PDCAや超高速PDCAが重要であるとも考えられています。もちろんどこまで高速化できるかは個別に異なりますが、実行の結果がリアルタイムですぐわかるとともに、プランの変更も比較的容易だからです。

図表 2-1　ソーシャルメディア・マーケティングの計画と実行

基本的な策定手順

1. 内部環境と外部環境の把握

- ソーシャルメディアが関わる自社のマーケティング活動はどのようなものがあるか？
- 組織文化や組織構造はソーシャルメディア・マーケティングに親和的か？
- ソーシャルメディア・マーケティングを支える資源はあるか？
- 主要顧客は誰で、ソーシャルメディアを利用しているか？
- 競合は誰で、彼らはどのようなソーシャルメディアをどのように用いているのか？
- ソーシャルメディア・マーケティングに影響を与えそうな環境要因（社会、文化、法律、政治、経済、技術など）は何か？
- ソーシャルメディアの活用に際して、何が内部環境の強みと弱みであり、何が外部環境の機会と脅威になるのか？

2. マーケティング目標と主要顧客の設定

- ソーシャルメディア・マーケティングによって何を期待し、目的とするのか？（プロモーション、追加サービス、販売、リサーチなど）
- 主要顧客は誰で、どのような人々なのか？　また、ソーシャルメディア上ではどのような性格を持っているのか？

3. ソーシャルメディアの選定と予算の配分

- どのようなソーシャルメディアを利用し、連携させるのか？
- 既存メディアとの連携や、マーケティング活動との連携はどうするのか？
- 予算や資源をどう配分するのか？

4. 実行計画

- 何を行うのか？
- どのように行うのか？
- 誰が、いつ、どこで行うのか？
- 成果はどのように測定するのか？

5. 実行と継続

- 成果は得られたか？
- どのように改善していくか？
- どのように継続していくか？

※Tuten & Solomon（2017）pp.109-110 をもとに作成

2 計画ステップの進め方

まず、環境を把握する

具体的なマーケティング戦略を立案する前に、まずは企業レベルであれ、事業レベルであれ、あるいは個別のブランドレベルであれ、達成すべき大きな目標を確認しましょう。最も大きな目標としては、例えばエーザイのように「患者様と喜怒哀楽を共にすること」といった理念があるかもしれません。そこまで徹底した企業ビジョンではなくとも、顧客へのよりよいサービス提供や、もう少し具体的に営業利益率の改善といった目標があるはずです。

ソーシャルメディアの活用というと、小さなキャンペーンの一つのように思われがちです。しかし、先にも述べたように、企業としてソーシャルメディアを活用するのならば、その活用が自社や自社ブランドにとってどういう意味や価値を持つのかについて自覚的になるべきです。というのも、ソーシャルメディアはこれまで以上に顧客に対してオープンで多くの情報を広く普及させるメディアであり、企業がソーシャルメディアを運用するという場合には、好むと好まざるとに関わらず企業全体としての姿勢が透けてみえることになるからです。おそらく、企業が恐れるネット上での炎上事件の多くは、たかがソーシャルメディア、たかが一キャンペーンと侮った結果であり、対応が後手に回ってしまうことによって起きています。

大きな目標を確認できたのならば、一般的な手順として内部環境と外部環境を分析します。客観的な状況の分析としては、SWOT分析を利用すればわかりやすくなります。よく知られているように、SWOT分析では、内部環境として自社の資源に関するStrengths（強み）とWeaknesses（弱み）、そして外部環境として自社に影響を与えるOpportunities（外部からの機会）とThreats（脅威）を確認します。

ここでのSWOT分析は、企業や該当するブランドを念頭に置きながら、さらに、ソーシャルメディアの活用状況を加味して行います。例えば、先のトヨタ自動車であれば、内部環境としては技術や生産体制に大きな強みがあることはいうまでもありませんが、一方で昨今のインターネットに関する技術に関しては、もしかしたら相対的に弱みがあるかもしれません。この弱みは、ソーシャルメディアの活用に対しても影響を及ぼすことになりそうです。同様に、外部環境としては、自動運転をはじめとする新しい市場の機会が生まれているとともに、逆に全く新しい競合の登場や技術の発展といった脅威も抱えているといえそうです。こちらでも、ソーシャルメディアは重要な役割を担うことができるかもしれません。

外部環境の一つでもある競合という点では、競合他社がソーシャルメディアをどのように活用しているのかということも重要になります。競合に先行して、自社のアカウントが多くのファンやフォロワーを抱えているのならば、それは強みとなるでしょう。逆に、他社に先行されているのであれば、それは弱みと考えられます。さらに、たとえファンやフォロワーが多くとも、購買顧客や主要顧客とずれていたり、そもそも購買と結びついていないのならば、むしろそれは弱みだといえそうです。

昨今、インターネットやソーシャルメディアを用いた顧客参加型製品開発を推進する企業がありますが、積極的に開発に参加してくれるユーザーは、あくまで開発に参加したいだけであって、意外と彼ら自身は購買しないともいわれています。ユーザーの属性を知ることはソーシャルメディアであっても簡単ではありませんが、例えばフェイスブックであれば細かい属性を知ることもできます。これらの分析を通じて、自分たちのソーシャルメディアが強みとなっているのか弱みとなっているのか、あるいは機会や脅威を提供しているのかを判断します。あるいは、そもそも自社にこうした分析の能力があるのかどうかも、重要な強みや弱みとして捉えることができます。

主要顧客を考える

内部環境と外部環境を把握した上で、ソーシャルメディア・マーケティングを実施する上でのマーケティング目標を定めます。同時に、この際には改めて主要顧客についての考察も必要になります。

通常のマーケティング戦略を計画して実行する場合には、セグメンテーションの軸として、年齢や性別といったデモグラフィック変数、住んでいる地域に関わる地理的変数、性格やライフスタイルといった社会心理的変数、さらにはブランドへのロイヤルティや来店頻度のような行動的変数が利用されます。これらの変数はソーシャルメディア・マーケティングでも利用できますが、インターネットやソーシャルメディアに特有の傾向に留意する必要があります（図表2－2）。

第一に、インターネットはもちろん、ソーシャルメディア上では匿名性が強く現れます。さらに、ただ匿名であるだけではなく、現実世界とは異なるヴァーチャル・アイデンティティを作り出している人々もいます。現実世界のアイデンティティとインターネット上でのヴァーチャル・アイデンティティが一致している人ももちろんいますが、現実世界ではおとなしく控えめな人が、インターネット上では気性の激しい強気な性格に変わることもありま

図表2-2　セグメンテーション変数とインターネット上の特性

デモグラフィック変数	年齢、性別、家族構成、所得、職業、学歴、宗教、人種、国籍、ライフステージ、ライフコース、など
地理的変数	地域、都市サイズ、気候、人口密度、など
社会心理学的変数	社会階層、ライフスタイル、パーソナリティ、など
行動的変数	購買契機、追求便益、使用者状態、使用頻度、ロイヤルティ、など
インターネット上で注意すべき点	匿名性、ヴァーチャル・アイデンティティの存在、追加的な地理的情報、詳細な投稿履歴や行動履歴

す。

ヴァーチャル・アイデンティティは、彼らのネット上での消費行動とも強く結びついています。例としてオンラインゲームを考えてみましょう。日本では、オンラインゲームをソーシャルメディアとして捉えることはあまりありませんが、双方向のインタラクションができるという点では、MMORPGなどはソーシャルメディアと同様の機能を持つといえます。実際、海外ではゲーム内でプロダクトプレイスメントが行われるなど、マーケティングとの関わりは密接です。そうした仮想空間でのヴァーチャル・アイデンティティが理想的な自分であると考える人々は、そのアイデンティティを維持するためにより多く課金しようとするでしょうし、そこで触れたブランドも認知しやすいかもしれません。この傾向は、顧客の理解を難しくするとともに、現実世界とは異なる属性に注目する必要性を示唆します。

第二に、第一の点とはむしろ逆に、地理的変数などはより詳細な情報を利用することができます。特にスマホを用いている人々が主要顧客である場合、GPSなどの位置情報を利用することができれば、リアルタイムに場所を把握することができます。例えば、こちらも日本では流行というほどではありませんが、フォースクウェアであれば、それ自体が地理的変数とひもづいたソーシャルディアとなります。人々は、フォースクウェア上で今いる店舗に「チェックイン」し、フェイスブックなどと連動して自分の場所をフォロワーに知らせることができます。そこで店舗としては、より多くの人にチェックインしてもらえるように、フォースクウェアを用いる人々に独自のサービスや特典を提供することになります。

もちろん、位置情報は高度なプライバシーの問題に関わります。自分の場所が特定されることについて不安を感じる人々も多いでしょう。その一方で、場所をしっかりと特定してほしい場合もあります。例えば、ウーバーを利用してタクシーを呼ぶという場合や、あるいは子供に携帯電話やスマホを持たせる親はどうでしょうか。それ自体がソーシャルメディアを通じて発信される必要はありませんが、少なくともリアルタイムな位置情報は、顧客のセグメント情報でもあるとともに、新しいサービスを作り出す可能性があることがわかります。

第三に、インターネットやソーシャルメディアを利用する人々は、現実世界よりも行動に関する多くの履歴を残しています。これらは、ビッグデータとして解析されるとともに、匿名であったとしても、行動の結びつきを捉えることで重要なセグメンテーションの軸となります。アマゾンの推薦システムは、嗜好が似ていると推測される人々のデータをもとにした協調フィルタリングや、同時購買に関するデータをもとにしたアイテム間協調フィルタリングによって実現されています。これらは、今日では機械的に行われるようになっていますが、行動データにもとづく主要顧客の設定といえるでしょう。

ソーシャルメディア上の投稿も、セグメンテーションに関わる重要な履歴となります。ハッシュタグをつけてつぶやく人々は、そのハッシュタグに何かしら思い入れがあると考えられます。例えば、それが特定のブランドやサービスであるとすれば、彼らはそのブランドに対してロイヤルティを有しているか、あるいは逆に、強い不満を表明しようとしているのかのいずれかです。

メディアを選定し、予算を配分する

マーケティング目標と主要顧客の設定に際して、本当にソーシャルメディアを用いる必要性があるかどうかは、そもそも論としてどこかで判断しておかなくてはなりません。ソーシャルメディアを使ってみるということ自体が目的であれば別ですが、既存メディアの活用や連携も含め、何が最も重要であるのかを考える必要があります。

以前聞いた笑い話として、ある企業では、長らくソーシャルメディアの活用があまり進まず、予算も限られたままだったといいます。というのは、企業の上層部の人々がそもそもソーシャルメディアを利用しておらず、その可能性を評価できていなかったからです。広告の中心は既存メディアでした。ところがある日、その企業のソーシャルメディアの活用に関する事例が、小さくではありますが新聞記事に載ったそうです。その途端、手のひらを返したように、上層部はソーシャルメディアの活用を支援し、予算を認めるようになりました。ソーシャルメディアはみていなかったものの、彼らは新聞はみていたのです。「主要顧客」がどのようなメディアに接しているのかを把握することは、マーケティングの基本です。

今日では、一口にソーシャルメディアといっても様々なチャネルが存在しています。これらはそれぞれに特色があり、さらに、新しいソーシャルメディア・チャネルが次々に生まれ

図表2-3　インタレストグラフとソーシャルグラフ

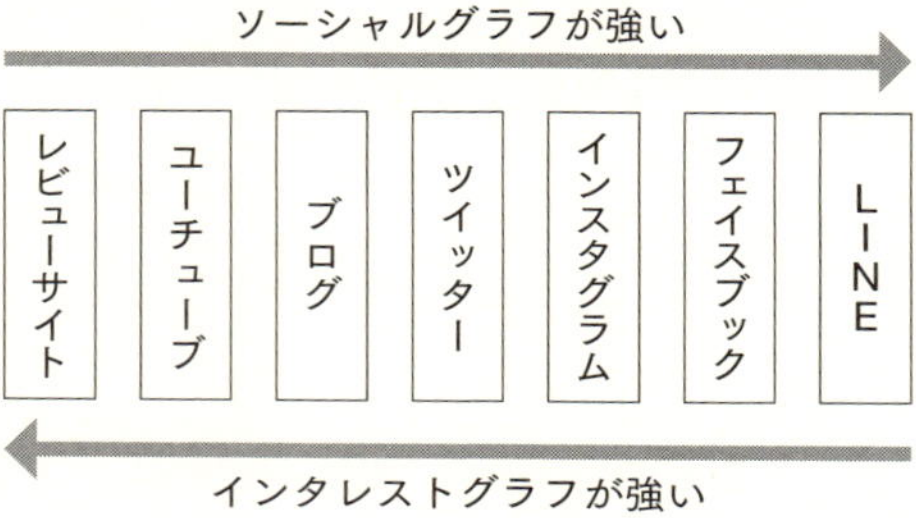

ています。日本では、かつてはミクシィやグリーが重要なソーシャルメディア・チャネルだったといえます。しかし今では、それ以上にフェイスブックやツイッター、さらにはインスタグラムやユーチューブが重要になっています。一方で、以前から多くの人々に利用されているブログや、ウィキペディアのようなまとめサイトの重要性は変わってはいないでしょう。

ソーシャルメディア・チャネルをどのように分類するのかについては、いくつかの視点があります。もっともよく知られた分類軸は、ソーシャルグラフとインタレストグラフです。これらは、ソーシャルメディア上に人々が集う際の特徴を示しています（図表2－3）。ソーシャルグラフでは、繋がりの存在を前提にして人々が集まります。特に多いのは、同じ職場や同じ学校というオフラインでの繋がりを持つ人々が、そのままソーシャルメディア上に集まる

図表2-4　トリプル・メディアのイメージ

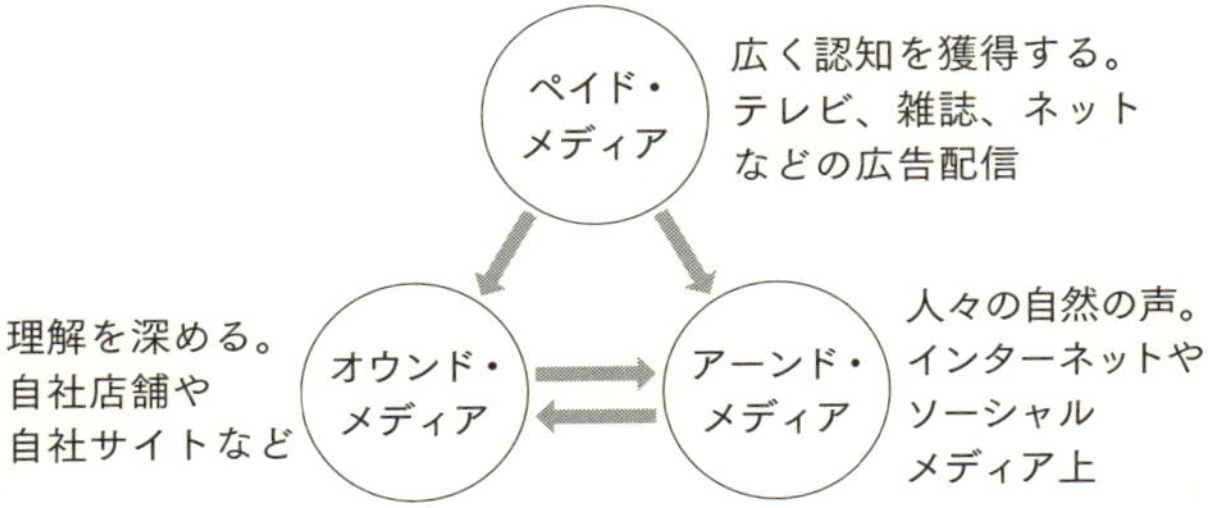

※横山（2010）、27頁をもとに作成

という形です。一方で、インタレストグラフの場合には、人々は特定の興味や関心にもとづいて集まります。例えば、特定の音楽バンドや特定の趣味や情報の取得のために集まるというわけです。個別に例外はたくさんありますが、大きな傾向として、フェイスブックはソーシャルグラフが強く、それに比べるとツイッターはインタレストグラフが強いといえます。例えば、東京経済大学の北村准教授たちによる『ツイッターの心理学』では、2009年ごろのデータとして、ツイッター利用者の関係において77・9%は一方向であり、相互フォローは22・1%にとどまったことが紹介され、他のソーシャルメディアチャネルに比べて情報ニーズの強さが指摘されています。

　メディアの分類として、トリプル・メディアの考え方も有用です（図表2－4）。自分たちでコントロールできるオウンド・メディア、対価を支払う一般的な広告としてのペイド・メディア、それからソーシャルメディアを中心とした人々のメディアであるアーンド・メディアです。これらを組み合わせることで、ペイド・メディアでブランドを認知してもらったり、アーンド・メディアでの評判を知った人々がさらなる知識を得られるようにオウンド・メディアを整備するといった導線を考えることができます。特にトリプル・メディアの考え方では、対象をインターネットやソーシャルメディアだけに絞ることなく、既存メディアをすべて含めることができる点に汎用性があるといえます。

設定されたマーケティング目標と主要顧客について、ソーシャルメディアの活用が有効であろうという判断が得られていれば、より具体的にその方法を考えていくことになります。この際には、経営資源をどの程度投入し、予算をどのぐらい計上するのかということも決める必要があります。もちろん、繰り返しになりますが、ちょっとしたソーシャルメディアの活用ということであれば、スタッフの一人が片手間にコストをかけずに行うこともできます。しかし、そうした手探りの黎明期は概ねすでに過ぎたと考えた方がよいのでした。ソーシャルメディアは、決して無料ではありません。それなりに手間もかかります。たとえ自社メディアとして運用したとしても、それはそれで有限の経営資源を投入しなくてはなりません。特に既存メディアとの比較でいえば、ソーシャルメディアは媒体出稿費ではなく人件費が大きくかかります。

ソーシャルメディアの活用は、プロモーションの一環として行われることが多いと思われます。この場合には、予算の配分として大きく3つの方法を考えることができます。一つ目は、多くの企業が採用しているように、広告に関わるプロモーション費の一定割合をソーシャルメディアやインターネット上のプロモーション活動に振り分けるという方法です。二つ目は、競合他社と比較することで投入量を決めるという方法です。競合他社が多くの予算をソーシャルメディアやインターネットに投下しているのならば、それに対抗して予算を増やした方がよいかもしれません。そして最後に三つ目は、目標に応じて個別に予算を設定する方法もあります。これらが組み合わされて予算とその配分が決められることになるでしょう。

3　実行ステップの進め方

何を目標にするか

新製品の認知度不足を解決したいということであれば、例えば、主要顧客について1年間で当該製品の認知度を40%から60%に引き上げるといったマーケティング目標が設定されます。目標には予算がつけられ、その実現に向けた詳細なプランが組み上げられることになります。既存メディアを用いることもできますが、主要顧客がインターネットになじみの深い人々であるのならば、組み合わせも含めてソーシャルメディアを活用する意義は大きくなります。あるいは、具体的な成果として自社ウェブサイトのトラフィック数を増やすことで認知度を上げられることになれば、いよいよソーシャルメディアの出番となります。

フェイスブックやツイッターで企業アカウントやブランド・アカウントを作成して情報を発信するようになれば、それらのアカウントには独自のパーソナリティが形成されるようになります。企業やブランドの情報を提供するだけではなく、人々の中で一緒にインタラクションすることもできます。ふざけた感じ、おもしろい感じ、思慮深い感じ、親切な感じ、これらはどれがよいというわけではなく、目標に応じて設定します。望むのならば、担当者を設定したり、あるいはAIを用いることで、より人間らしい振る舞いをすることもできます。逆に、顧客から問い合わせを受けるだけの機械的なアカウントとして用いることもできます。

目標の設定や活用の方針に際しては、その対として、成果の測定も考えておく必要があります。究極的には売上や販売数の向上が見込まれますが、eコマースなどを運用していない場合には、直接的に売上や販売数との関係をみることは難しいでしょう。そこでより中間的な指標として、トラフィック数やクリック数、フェイスブックであればいいね！ボタンの数やファンの数の増加、同様にツイッターであればリツイートの数やフォロワーの数の増加、さらには投稿に対するコメントのネガティブ・ポジティブ数の確認など、様々な指標を目標に応じて準備します。これらの指標については、第7章で確認します。

ソーシャルメディアを活用するための実行計画では、具体的にどこの部署で誰がアカウントを運用し、どのような情報を発信し、また顧客とインタラクションしていくのかについても考えておく必要があります。この際、自社に活用のノウハウがないのであれば、ソーシャルメディアの運用に長けた企業に外部委託することもできます。ただし、丸投げしてしまう場合には、ソーシャルメディアの長所はあまり生かすことができないかもしれません。顧客と自社が直接に繋がることが難しくなるからです。そして、そもそもその必要がないのであれば、既存メディアの方が有用かもしれません。

活動の継続性に注意する

実行計画がまとまれば、本格的に実行ステップに移ります。もちろん、これらのプロセスは一般的な手続きにすぎませんので、現実には行ったり来たりしながらの作業となることはいうまでもありません。計画ステップと並行してクローズドなサイトを立ち上げ、テスト・マーケティングのように先行的に状況を確認するもできますし、実行しながら早めにリニューアルをかけることもできます。ソーシャルメディアはもとよりインターネットの活用は、これまでにないほど計画と実行の区分を曖昧にしています。計画し、実行するのではなく、実行し、評価し、そして改善することの方が重要になっています。

実行に際しては、既存メディアを用いたプロモーションと比較して、活動の継続性にも注意する必要があります。これまでのプロモーションの場合、その多くは特定の目標を達成する上で明確な期間が決められていたはずです。新聞や雑誌に広告を掲載する場合には回数が決まっていますし、テレビCMであっても公開の期間があります。これに対して、ソーシャルメディアの活用では、明確な開始時期と終了時期が定めることが困難な場合があります。特に、コミュニティを作り顧客とインタラクションをしていきたいという場合には、終わりのない継続的な活動を前提とします。企業アカウントが常時運用されている状況を想定すればわかりやすいでしょう。これらはある程度時間軸を区切ることもできますが、区切らない方が、ソーシャルメディア・マーケティングらしいといえます。

ソーシャルメディア・マーケティングの継続的な性格は、その成果がみえにくいという課題とも結びついています。成果は定期的に確認する必要があるとともに、より直接的な売上や販売増加への影響については、長期的な観点から捉えられる必要があります。もちろん、クーポン配信であれば、短期的にも販売上の効果を見込むことができます。しかしながら、より深く考えるのならば、こうした効果でさえ、ソーシャルメディア上にロイヤルティの高い登録ユーザーが増えることを待たなくてはなりません。例えば、GUは、早くからスマホを中心に公式アプリやLINE上にてスマホ会員を増やしてきました。その結果として、今ではマス向けといえる紙媒体のチラシ配布を抑制することができるようになり、スマホ会員にはクーポンはもとより、会員向けの値引きやセールを効率的に実施するようになっています。

ソーシャルメディア・マーケティングの継続的な性格は、マーケティング活動の重要な目的の一つであるブランディングと親和性があります。いうまでもなく、ブランディングもまた、期間の定まった活動ではなく継続的な活動であり、顧客との関係性が重要な資源となります。ブランディングに関する知識や経験のある企業や組織は、ソーシャルメディア・マーケティングを早く理解できるでしょう。逆にいえば、ソーシャルメディア・マーケティングは、ブランディングに関する知識や経験を高めることに繋がるとともに、強いブランド構築に寄与するといえます。

高速ＰＤＣＡを回す

今日の多くの企業では、ＰＤＣＡを回す必要性が指摘されています。いうまでもなく、ＰＤＣＡとは、計画（Plan）、実行（Do）、評価（Check）、改善（Act）からなる一連のプロセスであり、計画から実行を経て、その結果を次の計画にフィードバックすることが求められています。そして今日の企業は、このプロセスをできるだけ速めることによって、より高い成果を上げようとしています。

ＩＴ企業や、インターネットやソーシャルメディアを活用した際には、特に高速ＰＤＣＡという言葉が用いられることもあります。もちろん、ＰＤＣＡはただ速ければいいというものではありません。この場合には、先にも述べたように、計画して、実行するという一般的なプランニングの考え方よりも、実行して評価し改善することの重要性が増すとともに、実際にそれが可能になっているということに注意する必要があります。

ソーシャルメディアを活用してみて、それがうまく行っているのかどうかは、少なくともテレビCMを流すという場合よりも速く結果がわかります。結果がわかれば、対応も考えやすくなるでしょう。サントリーの「やってみなはれ」精神ではありませんが、やってみるということの重要性は、ソーシャルメディア・マーケティングでは増しているといえます。

実行に重きを置くという方法は、ソーシャルメディアの特性である双方向のインタラクションという点からも相性がよいといえます。既存のマーケティング・コミュニケーションでは、一方向の情報伝達が念頭に置かれていることが多く、顧客を説得することが大きな目的の一つでした。この場合には、限られた回数の情報発信、特に広告の場合には一回限りのクリエイティブに力が注がれます。しかしながら、双方向のインタラクションという場合には、説得ではなくまさに会話や対話が中心となります。日常の会話を想定してみてもわかるように、会話では事前の計画はあまり意味をなしません。むしろ、即興の中で話を盛り上げ、そしてその中でお互いに何か共通の理解が生まれることが期待されます。会話として必要なことは、計画ではなく実行としての会話そのものであり、会話の中で、自身のやり方はもちろん、自身の考え方を変えていくこととなります。

4 組織作りで実行性を担保する

チーム運用の重要性

ソーシャルメディアをあくまで既存メディアと同様に扱い、メディア・ミックスの中で利用する限り、実をいうとこれまでのやり方をそれほど変える必要はありません。例えば、テレビCMや雑誌に出稿するように、フェイスブックやユーチューブにもペイド・メディアとして広告記事を配信するというのであれば、そのメディアの特性を理解すれば十分です。けれどもその一方で、ソーシャルメディアを既存メディアとは異なったものとして理解するのならば、計画と実行だけではなく、組織作りから考える必要があります。すなわち、ソーシャルメディアを通じて顧客とインタラクションをしたいという場合や、ブランドを顧客により近いところに置きたいという場合には、それなりの手間と労力が必要であり、組織的な体制が求められるということです。

例えば、セガでは、ソーシャルメディアの活用についてチームが作られているといいます。メンバーは他の事業部と兼任してソーシャルメディアを担当していますが、それぞれにソーシャルメディア・チャネルを担当し、情報を配信するとともに、必要に応じて顧客ともインタラクションします。特にツイッターの企業アカウントは積極的なインタラクションを行っており、人気を集めています。このとき、相互にどのような運用を行うか、どのような情報を提供するかについては組織として打ち合わせが行われるとともに、既存メディアとの連携はもちろん、開発部門など他部門からも情報素材が提供されています。

また、もともとはツイッターを中心としながら、最近ではＬＩＮＥ上で積極的に運用されているローソンクルー♪あきこちゃんは、その運用については個人ではなく組織的に行われてきたといいます。そのため、質の担保がとりにくい顧客とのインタラクションは限定されてきましたが、一方で、担当者の能力に依存しないアカウント運用を可能にすることでスムーズな担当者の変更を可能にしました。そして今日ではインタラクションについても、ＡＩを用いることで新しい可能性を引き出しつつあります。

LINE のローソンクルー♪あきこちゃん
（株式会社ローソン）

ソーシャルメディア・ポリシーの策定

チームや組織としてソーシャルメディアを活用するようになると、相互に共通の利用方針としてソーシャルメディア・ポリシーを作る必要が高まります。ソーシャルメディア・ポリシーは、組織として、あるいは組織に所属する従業員として、ソーシャルメディアを用いる際のルールや手順を定めた文章のことです。というのも、チームや組織がマーケティングの一環としてソーシャルメディアを運用するだけではなく、今日では、従業員の一人ひとりも個人としてソーシャルメディアを活用しているようになっているからです。彼らの個人的な情報発信やインタラクションを細かく管理することはできませんが、一定の規則を定め、方針を共有しておくことには意味があります。従業員のソーシャルメディアは、間違えば炎上の原因となり、組織に被害をもたらしますが、うまく利用されれば企業やブランドの価値向上に貢献します。

日本では、NECが早い段階でソーシャルメディア・ポリシーを策定し、公開しています(図表2－5)。ウェブサイトをみると、2018年には、大きく3項目が示されています。従業員一人ひとりの情報発信や対応について言及されているとともに、これら3項目とは別に、業務利用、個人利用に際して、別種ガイドラインが設けられている旨も記載されていま

図表2-5　NECのソーシャルメディア・ポリシー

1. ソーシャルメディアにおける情報発信や対応についての自覚と責任

- あらゆる背景や事情を持つ不特定多数の利用者がアクセス可能であること、ならびにいったん発信された情報は完全に削除できないことを意識したうえで、ソーシャルメディアへ情報発信を行います。
- 社員一人ひとりの行う情報発信や対応が、世の中に少なからず影響を与えることを意識し、誤解を与えないように注意します。

2. 適切な情報共有によるインタラクションの促進

- 傾聴の姿勢を忘れず、ステークホルダーの声に耳を傾けます。
- ステークホルダーとのインタラクションを通じて絆を強くすることは、ステークホルダーの問題解決に役立つとともに、NECブランドの向上に多大な貢献をもたらすことを意識します。
- 経験を通じ、社員個人の価値を高めるとともに、学んだことを広く社内外に共有し、多くの個人やコミュニティの成長に貢献するよう努めます。

3. 社内外の法規・ルールの遵守

- 法令や「NECグループ行動規範」ならびにNECグループ各社が定めた規程を遵守するとともに、良識を持った社会人として、自己の行動に責任を持って、ソーシャルメディアを利用します。

※「NECグループ　ソーシャルメディアポリシー」（http://jpn.nec.com/ad/official_account/socialpolicy.html）をもとに作成

す。

従業員一般に対してだけではなく、組織としてソーシャルメディアを運用するという場合も、利用している部署や子会社が多くなればなるほど、ソーシャルメディア・ポリシーの策定とその徹底が必要になります。先のセガの場合、本社のソーシャルメディアを運用するチームとは別に店舗なども含めれば300程度部署や組織があり、それそれにソーシャルメディアを活用しています。当然、それぞれが異なるマーケティング目標を持って活用されており、本社のチームではこれらを統括するとともに、基本的な使い方はもちろん、有効な使い方を講習会を通じて伝えています。

個別の企業に限らず、今日では、例えばＷＯＭマーケティング協議会などによっても、啓発をかねて企業のソーシャルメディア利用の方針が示されています。これらは、例えば今でも問題となるステルス・マーケティング（ステマ）の禁止など、文字通り社会のメディアとして存在するソーシャルメディアそのものの価値を守る一役を担っています。

第3章
顧客を知る

1 変化するマーケティング・リサーチ

企業はインターネットやソーシャルメディアに様々にかかわることができますが、その一つとして、マーケティング・リサーチを挙げることができます。顧客の必要に応えようとするマーケティング活動にとって、当の顧客が何を必要としているのかを知ることは、最も重要な活動であるといっても過言ではありません。顧客の必要がわからなければ、そもそも何を作り、提供すればいいのかわかりません。

マーケティング・リサーチは、様々な手法を洗練させてきました。大きくは2つに分けることができます。定量的リサーチと定性的リサーチです。ある程度サンプル数を集め、顧客の必要をうまく数値化して処理する方法が定量的リサーチであり、逆に限られたサンプル数になりがちですが、顧客のより複雑な気持ちや考え方をすくいだそうという方法が定性的リサーチです。さしあたり、定量的リサーチは広く浅く、定性的リサーチは狭く深くといった理解がわかりやすいでしょう。

この2つのリサーチは、インターネットにせよソーシャルメディアにせよ基本となります。まず、定量的リサーチは、より容易に行うことができるようになりました。リサーチ会社は質問に答えてくれるたくさんの人々をプールしており、いつでも質問を投げることができます。かつては紙で準備し、配布し、回収し、さらにそれを一つ一つデータとして転記していた作業も不要となりました。質問票を作る労力はあまり変わらないかもしれませんが、行った調査の結果は瞬時に集計され、グラフ化されて表示されます。同様に、定性的リサーチについても、チャットを用いたテキストベースでのインタビューや、ネットならではの匿名性を生かしたグループ・インタビューなどが行われるようになっています。これらも記録や履歴はテキストとして残されるため、そこからさらなる分析が可能です。

どちらのリサーチにおいても、インターネットやソーシャルメディアを対象とする場合には、大きく3つの点に注意する必要があります。

一つ目は、当たり前のことながら、フェイス・トゥ・フェイスではなく、コンピュータを介したコミュニケーション（CMC：Computer mediated communication）が前提となるということです。ずいぶんとグラフィカルになったとはいえ、インタラクションそのものはテキストベースになります。フェイス・トゥ・フェイスに比べて匿名性は高まり、例えばフェイス・トゥ・フェイスで利用される身振り手振りや表情といった細かい手がかりが少なくなります。炎上が起こりやすい理由の一つは、こうした手がかりの少なさにあります。

二つ目は、こうしたフェイス・トゥ・フェイスで利用されてきた手がかりの少なさとは逆に、ソーシャルメディアでは個人に関するたくさんの別の情報が存在しています。第2章でセグメンテーションの軸について説明しましたが、これまでのマーケティング・リサーチよりも個人の様々な属性をつかみやすくなっています。友人・知人関係もわかりますし、行動属性についても確認できます。もちろん一方で、これらの属性が現実の本人と対応しているかどうかには注意が必要です。ヴァーチャル・アイデンティティが構築されているかもしれません。

最後に三つ目は、ソーシャルメディアには多くの人々が集まり、テキストベースですが日常としてインタラクションしているということです。旧来のマーケティング・リサーチでも、大量にサンプルを集めることは可能でしたが、コストもかかりますし、何より、そこで回収された回答が本音かどうかははっきりとしませんでした。これに対して、インターネットやソーシャルメディア上のインタラクションは、本音かどうかという以上に、ごくありふれたやりとりが多いといえます。マーケティング・リサーチされるということによって相手が構えてしまったり、答えを無理やり作り出してしまうような問題はあまり生じません。私たちの日常がそうであるように、そこには最初から嘘も本当もありません。

この三つ目の特徴は、マーケティング・リサーチにおける根本的な問題に対しても新しい可能性を示しているようにみえます。すなわち、顧客は、質問すればいつでも素直に答えてくれるのだろうか？　もっといえば、顧客は、質問に対する答えを本当に持っているのだろうか？　定量的リサーチにせよ定性的リサーチにせよ、顧客は、何が欲しいか聞かれても、明確に答えることはできないのではないだろうかという疑問です。

改めていうまでもなく、日本をはじめ、多くの国々はいまや成熟した消費文化を形成し、モノ余りの状態が長く続いています。モノからコトへ、といったスローガンが標榜されるのも、そうしたモノだけでは満足できない人々が増えているからです。にもかかわらず、なお人々はその心の中に消費欲望を持ち続けているのか？　それは確かめようのない問いでもあり、確かめようがないからこそ、マーケティングやマーケティング・リサーチが求められてきたともいえます。イソップ物語の農夫とその子供たちではありませんが、顧客のニーズという、あるかどうかわからない宝を探して、結果として畑を耕すような活動が行われてきたのかもしれません。

「今日はよい天気ですね」や「How are you?」といった発話は、それ自体あまり意味のないやりとりであり、ファティック・コミュニケーションと呼ばれます。研究者の中には、インターネットやソーシャルメディア上で盛んに利用される絵文字を中心としたインタラクションについて、これもまたファティック・コミュニケーションではないかと考えている人もいます。こうした、悪く言えばダラダラと続く日常のやりとりから何を見出すことができるのか。マーケティング・リサーチとしては、これまで以上に、人々の日常に共感する力が求められることになります。

2 定性的に知る

モニタリングとリスニングを分けて考える

ソーシャルメディアをマーケティング・リサーチに用いるという場合、最も簡単に始めることができるのは、ソーシャルメディアを観察し、人々が何を語り合っているのかを眺めるということです。実はこれこそ、明確な答えを持たないかもしれない顧客に対するリサーチとして効果的な方法です。こうしたソーシャルメディア・リスニングや傾聴と呼ばれる方法は、これまでも、定性的リサーチの一つである観察法としてオフラインの場で行われてきました。彼らは、人々が店舗でどのように製品を選ぶのかといったことや、あるいは、購入した製品を自宅でどのように用いているのかなど、つぶさに観察し、その中から顧客の必要を見出そうとします。

観察法でよく知られているのは、ＩＤＥＯというデザイン調査会社です。法政大学の西川教授と近畿大学の廣田教授がまとめた書籍『1からの商品企画』では、ＩＤＥＯに所属するスタッフがその具体的な方法と興味深い事例を説明しています。それは、今では多くのＡＴＭ機につけられているミラーについてです。コンビニなどでは、時々そのミラーを使って身だしなみを整えている方もいますが、あのミラーは、もちろん後ろを確認するためのものです。ＡＴＭにミラーをつけるというアイデアは、ＩＤＥＯのメンバーがＡＴＭに関する観察法を行う中で見出したものだったとされます。

私たちは日常的にＡＴＭを利用しているはずですが、だからといって、インタビューされてもＡＴＭにミラーをつけてほしいとは言わないし、言えないでしょう。しかし、実際にＡＴＭを使う人々をみることで発見されたのは、しばしば人は前かがみになったり、体を捻ったり、不自然な形でＡＴＭを操作しているということでした。無意識のうちに、後ろや横から操作を覗き込まれないようにしているわけです。そのことに気づいたＩＤＥＯのメンバーは、後方への注意をもっと自然な形で払えるように、ＡＴＭにミラーをつけるというアイデアを考えついたのでした。一度ミラーがつけられれば、多くの人は当たり前のように、私も後ろが気になっていたというに違いありません。

ソーシャルメディアでも、同様のことを行うことができます。ただし、ソーシャルメディアでは、製品を選んだり実際に使うシーンはみえにくいでしょう。代わりに、もっと日常的で、おそらくとりとめのない人々のインタラクションやつぶやきをみる（読む）ことになります。そしてその中で、自社の製品やサービスがどのように語られているのか、あるいは、どのような製品やサービスが注目を集めているのかを捉えます。簡単に持ち運べる照明器具をウェブ上で販売していた企業は、あるとき、レビュー欄に母親からのコメントとして、子供が夜寝るときに怖がらなくなったのでとても助かったと書かれていることに気づきました。これをみて、開発担当者はこの照明器具の利用方法に改めて気付かされるとともに、機能やデザイン中心だったウェブ上のコンテンツを変更し、より母親や女性の期待に応えられるようにしました。

ソーシャルメディアの観察では、リスニングとモニタリングを分けて考えることができます。両者に厳密な違いがあるわけではありませんが、リスニングでは、ソーシャルメディア上に拡散するキーワードを見つけ出し、そのキーワードがどのような人々やコミュニティで利用されているのかを捉えることによって、顧客の必要を明らかにしていきます。これに対してモニタリングという場合には、よりシステマチックで、組織的にソーシャルメディアを24時間監視するといった意味合いがあります。前者は、従来的なマーケティング・リサーチと近い目的で行われることが多く、うまく使えば観察法に近い発見もできます。一方、後者の場合、市場の動向や自社のブランドについての何かしらの兆候をつかむための恒常的な方法となりそうです。一時期、ソフトバンクは自社に関する投稿や書き込みをチェックし、必要があればすぐに相手にコンタクトをとるようにしていました。こうした活動は、リスニングというよりはモニタリングとして理解できます。不測の炎上に備える企業もまた、リスニングというよりはモニタリングをしているといえます。

ネトノグラフィー

モニタリングやリスニングは、インターネットやソーシャルメディア上の投稿を対象にした分析として、主に実務で用いられる言葉です。これに対して、似た言葉として、ネトノグラフィーという言葉もあります。こちらは、ネットとエスノグラフィー（民族誌）を合わせた造語として、主に学術の分野で用いられてきました。

ネトノグラフィーでは、文字通り、エスノグラフィーをインターネットやソーシャルメディア上で行います。そもそもエスノグラフィーでは、例えば未開社会を理解するにあたり、研究者が実際に現地に赴き、滞在し、調査し、時には何年も一緒に生活することを通じて、その社会のありようを理解するとともに多面的に厚く記述することを行います。これを今度はインターネットやソーシャルメディアで行おうというわけです。

南カリフォルニア大学のコジネッツ教授による初期のネトノグラフィー研究では、スタートレック・ファンのオンライン・コミュニティが取り上げられます。ソーシャルメディアが発達する以前の研究ですが、彼はスタートレック・ファンが集まるコミュニティを探し、「スタートレックは宗教みたいなものですか?」という質問を自分の身分を示した上で投稿します。そこからの反応をもとに、ファンたちのコミュニティを理解していくとともに、ファンの中でも様々に構築されている彼らのアイデンティティを明らかにしています。例えば、Trekkiと呼ばれる男性ファンには、世間からは少し冷たい目が注がれているといいます。しかし、そうした世間の目は、コミュニティの結束を高めることにも貢献しているわけです。彼によれば、ネトノグラフィーはエスノグラフィーよりも簡単で、たくさんのテキストデータを一気に扱うことができるとともに、対面のインタビューなどと比べても自然に目立たずに行うことができるとされています。

リスニングやモニタリングにも通じる具体的なやり方を、大きく5つにまとめておくことができます。①まず、調査の目的に関連する情報やインタラクションがありそうなサイトを特定します。特定のトピックやセグメントに焦点を当てながら、投稿が多く、かつ詳細な情報が確認できるサイトが理想的です。

②対象が特定できれば、コミュニティやグループの特徴、行動、言語などの文化について学びます。サイトに積極的に関わることもできますし、静かに観察するだけという手もあります。どちらの選択肢であっても、徐々にそのありようがみえてくるようになるはずです。

③一方で、サイト上でのインタラクションに関するデータをダウンロードし、より客観的に分析する作業も進めます。そのインタラクションの内容に応じてコードを付け、どのような会話が行われているのか、誰が会話しているのか、そして、どのような会話が盛り上がるのかといった分類を行います。この時、分類軸は最初に決まっていなければならないということではなく、実際にサイトに携わり、また分析する中で変更して構いません。

ここまでくれば、理解も深まり、様々な発見があるはずです。④こうした理解や発見とともに、データ収集と分析プロセスについての観測と反省の記録を残しておきます。分類軸についても、分析する中でどのように変わっていったのかを記録しておくとよいでしょう。なぜそうなったのか、後から確認がしやすくなります。

そして、最後は少し難しいですが、⑤分析の結果を対象としたコミュニティのメンバーにも開示し、その内容について話し合います。その反応をみながら、分析を修正したり、その妥当性を確認します。

センチメンタル分析（ネガポジ分析）

ネトノグラフィーは、少し負担が大きいかもしれません。特にコードを付けるコーディングの作業は、そもそも何を抽出すればよいのかという問題も含め、根気が必要になります。そこでより簡単なコーディングの方法として、インターネットやソーシャルメディア上に投稿されているコメントについて、その内容の良し悪しに注目して分析することもできます。

センチメンタル分析では、特定の対象について、人々がどのように考え、またどのような感情を抱いているのかを捉えます。例えば、ある新製品について人々が様々な投稿をしているという場合に、単にその総数だけをみて話題になっていると捉えるのではなく、よい意味（ポジティブ）で話題になっているのか、それとも悪い意味（ネガティブ）で話題になっているのかを確認するというわけです。センチメンタル分析は、ネガポジ分析ともいわれます。

センチメンタル分析は、定性的に手動で行うこともできますが、量が増えれば作業は困難になります。作業に時間がかかれば、同じ人の中でも評価にブレが生じます。当然、複数で分担して行うという場合には、同じ人の中でのブレだけではなく、担当者間の理解のブレも問題になります。ある人にとってはネガティブにみえる一文が、別の人にとってはポジティブな意味のようにもみえるわけです。例えば、「これはすごいｗ」という一文が、ポジティブなのか、それとも皮肉のようなネガティブなものなのかは判断に迷うところです。

それゆえに、ある程度自動化してネガポジを判定したいという場合はもちろん、手動で行うという場合にも、辞書や抽出ルールの作成が必要になります。ポジティブな言葉は具体的に何であり、また逆にネガティブな言葉は何であるのかを事前に確認しておきます。曖昧な言葉については、どちらともとれるニュートラルなものを用意したほうがよいかもしれません。ソーシャルメディア上のテキストには、顔文字や絵文字も含まれるようになっています。これらもまた、感情を評価する材料になります。

センチメンタル分析は、テキストマイニングの一種です。ソーシャルメディア上の投稿を集め、それらをデータとして分析します。この方法は、どちらかといえばボトムアップであり、辞書や抽出ルールを作成するにしても、そのための材料は当のデータ自身です。一方で、よりトップダウン型に、明確な仮説を元にしながらコーディングルールを定め、仮説が合っているかどうかを確認することもできます。いずれの方法でも、コードが明確になり、客観的な判定や測定が量を増やしてもできるようになるにつれ、定性的リサーチから定量的リサーチへと移行していきます。

ちなみに、一般的な傾向として、ポジティブな投稿とネガティブな投稿は、どのくらいの割合で行われているのでしょうか。アメリカの口コミ・マーケティング協会で活躍してきたケラーとフェイによる2010年から2011年にかけての調査では、一般に思われているよりもネガティブな投稿が少ないことがわかります。ネガティブな投稿は目につきやすく、また影響力も強いとされますが、過大に見積もりすぎてもいけないといえます。ポジティブからネガティブや混合を引いた値を彼らはネットアドボカシーとよんでおり、平均で43%となっています（図表3－1）。

日本でも、類似のネガティブな投稿の量についての考察が行われています。慶応義塾大学の田中教授たちによる『ネット炎上の研究』では、ツイッター上で炎上に参加する人々がどの程度いるのかを調べたところ、ネットユーザーのうち、過去1年以内に炎上事件に投稿したことのある人々は0・5%程度だったといいます。もちろん、0・5%でも、1億人がイ

図表 3-1　投稿内容のポジティブ／ネガティブの傾向

	ほとんどポジティブ	ほとんどネガティブ	混合	ネットアドボカシー
子供用品	74%	5%	11%	58%
食品／外食	73	6	11	56
飲料	72	5	11	56
美容品	72	5	11	56
家庭用品	71	5	11	55
小売／衣料品	71	5	13	53
メディア／エンターテインメント	71	6	14	51
旅行サービス	68	7	13	48
住宅	64	8	15	41
自動車	62	9	17	36
ハイテク	63	9	18	36
スポーツ／趣味	63	10	18	35
健康／健康管理	55	12	17	26
金融サービス	51	14	16	21
通信サービス	51	15	22	14
平均	66	8	15	43

※Keller & Fey（2012）、邦訳283頁をもとに作成

ンターネットを使っていると考えればそれなりの規模になります。しかし、現実にはその多くは一言短い感想を述べるだけのものであり、いわゆる攻撃といった投稿はさらに小さな規模でした。個別の事例分析や過去の2ちゃんねるなどにおいても、実際に直接炎上に関わるユーザーは同程度であったとし、数というよりも、彼らの粘着的な性格と、明確な対応が取りにくい制度的な問題に言及しています。

3 定量的に知る

データの偏りを意識する

仮説の正しさを確認するという場合、マーケティング・リサーチで洗練されてきたのは統計的な手法を用いた検定です。例えば、男性と女性で、ある製品に対する購買意欲が異なるのではないかという場合、すべての男性と女性を調査することは難しいため、ある程度のサンプルをランダムに集め、母集団でも同じ結果がみられるかどうかを確認します。

また、検定というよりは、たくさんの変数を上手くまとめ上げ、より理解しやすい形で捉えるといった手法も発展してきました。ブランドのイメージを色々と聞いた場合、そのままでは多様であるとしかいいようがありませんが、統計的に処理すれば、例えば先進的であることとイノベーティブであることは同じ因子として一つにまとめられるかもしれません。いずれも重要な手法ですが、これらの際に注意しなければならないのは、集められるサンプルによって生じる偏りです。国勢調査のように、全数調査を行うという場合ももちろんあります。センサスデータとも呼ばれますが、マーケティング・リサーチでは手間暇の点からほとんど行われません。

インターネットやソーシャルメディアを使ってリスニングやモニタリングするという場合、あたかもそれが全数調査であるかのように錯覚する時があります。しかしながら、それは少なくとも全数調査ではなく、インターネットやソーシャルメディアを介してふるい分けられた特定の人々を対象としていることに注意する必要があります。さらに、彼らが母集団からランダムに抽出された人々とみなすことができるかどうかについても、議論の余地があります。基本的には、いくつかの偏りがあると考えた方がよいでしょう。

最初の偏りは、カバレッジ・エラーとして注意する必要があります。カバレッジ・エラーは、インターネットやソーシャルメディアを「みんな」が使っていると考える場合に生じます。以前に比べ、確かにインターネットについては多くの人々が当たり前に使うようになりました。内閣府によって毎年行われている通信動向調査の２０１６年度版によれば、インターネットを一年以内に使用したことがあるという人は、調査対象者の83・5%にのぼります。

この数年では、特に6－12歳の利用率の伸びが大きいと指摘されています。2011年度には61・6%だった利用率が、2016年度には平均とあまり変わらない82・6%に上昇しました。かつては、例えばデジタル・デバイドという言葉に代表されるように、インターネットをはじめとするデジタル機器に対して、利用できる人と利用できない人に、ある程度明確な隔たりがありました。しかし、今ではそのような問題はあまり考慮せずとも良さそうです。

その一方で、ソーシャルメディアについては随分と利用者に偏りがあります。例えば、先の通信動向調査では、SNSの利用についての項目があり、全体では51・0%となっています。インターネット利用者の約半数が利用しているということでしょう。

SNSはもちろん、ソーシャルメディアにもいろいろなものがあります。5年ごとに調査刊行されている『日本人の情報行動2015』では、当時の個別のソーシャルメディアの利用についてデータがまとめられています（図表3－2）。これをみますと、まずはインターネットの利用率が87・6%です。ここからインターネットの非利用者も含め、最も利用率が高かったのはLINEで52・0%、ついでフェイスブックが26・2%、ツイッターが22・5%と続きます。この時点で、すでにフェイスブックやツイッターは日本人全体からは偏りがありそうなことがわかりますが、年代別にみると、さらに、男女ともに10代はツイッターの利用率が高いのに対し、20代以降はフェイスブックの利用率が高くなります。性別ではあまり違いはみられませんが、グーグルプラスの利用率について、女性は13・8%であるのに対し、男性は22・2%に達しているというのは特色といえるかもしれません。こうした場合、例えばフェイスブックで男性10代の意見を調査するというのは、カバレッジという点からはあまり望ましくないということになります。そもそもそこに該当する人々が少ない可能性があるからです。

あるいは、もっと絞り込んだマーケティング・リサーチという場合にも、同様のカバレッジ・エラーに注意する必要があります。例えば、テレビゲームの新作をヘビーユーザー向けに開発するという場合を考えてみましょう。当然、マーケティング・リサーチをするのならば、まずは当のヘビーユーザーが集まるソーシャルメディアを探した方がよいはずです。

（%）

		男性						
	60代	男性計	10代	20代	30代	40代	50代	60代
	68.8	85.0	81.3	100.0	96.7	94.6	87.5	60.9
	12.5	48.9	70.7	84.5	77.2	56.2	29.2	14.7
	5.3	25.1	20.0	52.1	46.7	25.4	15.1	9.7
	0.0	22.0	52.7	53.5	23.9	16.9	9.2	5.8
	6.5	22.2	22.7	32.4	18.7	25.4	22.9	16.0
	0.6	7.2	10.7	12.7	16.3	8.5	1.7	0.6
	0.0	5.7	4.0	18.3	12.0	3.8	2.5	1.3
	0.6	7.0	6.7	16.9	15.2	5.4	5.9	0.0
	1.2	4.2	1.3	9.9	8.7	4.7	4.2	0.0
	0.0	3.0	12.0	5.6	2.2	3.1	0.0	0.0
	0.0	0.6	0.0	1.4	1.1	1.5	0.0	0.0
	76.2	76.5	92.5	86.7	76.1	67.1	62.9	65.2
	33.3	43.5	53.3	37.8	48.8	48.5	38.9	26.7
		50.4	84.6	60.5	27.3	27.3	9.1	22.2
	0.0	13.4	23.5	21.7	11.8	18.2	0.0	8.0
	0.0	39.1	25.0	44.4	40.0	54.5	0.0	0.0
		32.4	33.3	15.4	45.5	60.0	33.3	0.0
	0.0	24.4	60.0	16.7	7.1	42.9	28.6	
	50.0	29.6	0.0	28.6	0.0	83.3	20.0	
		15.8	33.3	0.0	0.0	0.0		
		25.0		0.0	0.0	50.0		

※『日本人の情報行動 2015』148-149 頁をもとに作成

図表3-2　ソーシャルメディアの利用状況

		合計	女性					
			女性計	10代	20代	30代	40代	50代
ネット利用率		87.6	90.0	96.9	97.3	97.5	96.9	90.5
利用率	LINE	52.0	54.8	87.7	89.3	79.3	63.8	38.9
	フェイスブック	26.2	27.2	26.2	68.0	43.8	27.3	16.7
	ツイッター	22.5	22.9	56.9	61.3	28.1	19.4	12.7
	グーグル+	17.7	13.8	16.9	18.7	16.5	16.8	12.7
	インスタグラム	10.1	12.7	30.8	41.3	18.2	9.3	1.6
	ミクシィ	5.9	6.1	3.1	14.7	13.2	8.7	0.8
	モバゲー	5.4	3.9	4.6	9.3	4.1	5.6	2.4
	グリー	3.5	2.8	4.6	5.3	4.1	3.1	0.8
	バイン	2.9	2.9	15.4	9.3	2.5	0.6	0.0
	リンクトイン	0.5	0.4	0.0	0.0	0.8	1.2	0.0
アクティブ率	LINE	78.9	80.9	86.0	82.1	78.1	80.4	81.6
	フェイスブック	46.3	48.7	35.3	56.9	60.4	43.2	28.6
	ツイッター	51.5	52.4	86.5	67.4	38.2	22.6	18.8
	グーグル+	11.6	9.1	27.3	7.1	15.0	7.4	0.0
	インスタグラム	48.2	52.7	75.0	54.8	54.5	26.7	0.0
	ミクシィ	32.1	31.8	50.0	27.3	31.3	35.7	0.0
	モバゲー	20.5	14.3	33.3	0.0	20.0	11.1	33.3
	グリー	25.5	20.0	66.7	0.0	20.0	0.0	0.0
	バイン	10.0	4.8	0.0	0.0	0.0	100.0	
	リンクトイン	42.9	66.7			0.0	100.0	

サンプリング・エラーが起こりやすい理由――エコー効果

カバレッジに問題がなければ、次はサンプリングを考えることになります。これは、対象となるサイトやソーシャルメディアから、ある一定数をランダムに抽出する方法です。このとき、意識的、無意識的にかかわらず、選択されたサイトのメンバーのすべてではなく、特定のサブセットのみからデータを収集してしまうことにより、サンプリング・エラーが生じます。目についた人々をランダムにピックアップしたつもりが、そもそも目につきやすいアクティブなユーザーばかりを選んでしまい、あまりアクティブではないユーザーを取りこぼしてしまったというような場合です。

サンプリング・エラー自体はマーケティング・リサーチでは定番の問題ですが、特にソーシャルメディアを利用する場合にはエコー効果に注意する必要があります。エコー効果は、ソーシャルメディア上でよくみられる会話の重複を指します。例えば、ツイッターであれば、話題となり多くの人々に共有される会話は、リツイート（RT）という機能によって拡散されていきます。このようなリツイートを一つひとつサンプルとして数え上げるべきなのか、それとも、元になった一つの投稿だけをカウントすべきなのかは決めておく必要があります。

リツイート数は、しばしばその数自体が変数として用いられることが多いようです。例えば、リツイート数は人気を示す代理変数だと考えれば、リツイートされた投稿の内容や属性などを別途調べることによって、どのような要因がリツイート数という人気に影響を与えているのかを確認することができます。あるいは、日々の販売データなどを持っているのであれば、投稿数とともにリツイート数が販売にどのように影響を与えているのかを調べることもできます。

リツイート以外にも、サンプリング・エラーを引き起こす可能性のある投稿があります。最も典型的な投稿は、スパムやボットです。これは通常投稿としては捉えませんが、実際にこれらをすべて省くということは簡単ではありません。また、スパムやボットであっても、そこから情報が拡散したり広まるということがないとはいえません。これらをどのように処理するのかについても検討しておく必要があります。

「沈黙」のデータに気をつける

エコー効果とは逆に、無回答にも注意する必要があります。サンプリングをしてアンケートを依頼したとして、その中でどのくらいの方が実際に回答し、アンケート用紙を返してくれるのかはわからないわけです。このことは、インターネットやソーシャルメディアでも変わりません。

リサーチ会社がプールしているサンプルへアンケートを依頼するという場合には、当然のことながらこれまでと全く同じように無回答の問題が生じます。一方で、特にソーシャルメディアを対象にして、投稿記事を直接定量的に分析しようとする場合にも、実は無回答の問題が潜在しています。アクティブに投稿するユーザーは限られている可能性があるからです。先の『日本人の情報行動2015』のデータでは、アクティブ・ユーザーについてもカウントされていました。例えばＬＩＮＥの場合、アクティブ・ユーザーは78・9%とかなり高いといえます。ツイッターやフェイスブック、インスタグラムですと、51・5%、46・3%、48・2%で、いずれも半分ぐらいでしょうか。この中に、さらに積極的に投稿する人々と、逆にみていることがほとんどという人々もいるでしょう。投稿だけをデータとして取り扱うということは、みていることがほとんどという人を取りこぼしていることになります。

さらに、単に取りこぼしているだけではありません。彼らの意見が表にはでないことにより、投稿している意見が主流の意見であるようにみえてしまうため、調査者だけではなく、実は投稿者や閲覧者たちもまた影響を受けてしまっているかもしれません。先に、インターネットやソーシャルメディアでは、人々のありふれた日常的な会話が確認できると書きました。それはそうなのですが、それが究極的に本音であるかどうかはまた別の問題です。マスコミ研究では、古くから沈黙の螺旋効果が知られてきました。意見を表明しない人々は目にみえにくいため、表明される意見が大半であるようにみえてしまい、結果として表明されている意見に影響されてもともとの意見を変えてしまうのです。

インターネットやソーシャルメディアをマーケティング・リサーチに用いる場合には、対象となるサイトが体系的または網羅的ではない可能性があることに留意することが重要です。この傾向は今後も変わらないでしょう。それでも、そうしたデータの特性を理解し、人々に共感する力を持つことができれば、そこから得られる知見は極めて示唆的のはずです。

ちなみに、次章の「顧客に伝える」という話にも関連しますが、データの偏りという点では、ソーシャルメディアをはじめとするネットのオンラインと、現実のオフラインで、人々が話す内容もかなり異なる点にも注意が必要です。3年間以上にわたるデータをまとめた研究では、16カテゴリー、697ブランドが対象とされ、オンラインとオフラインではそもそ

図表3-3　オンラインとオンラインで言及されるブランドの違い

順位	オフライン	オンライン
1	コカ・コーラ	グーグル
2	ベライゾン	フェイスブック
3	ペプシ	iPhone
4	ウォルマート	ユーチューブ
5	フォード	イーベイ
6	AT&T	Xbox 360
7	マクドナルド	フォード
8	デル	ヤフー
9	ソニー	ディズニー
10	シボレー	アウディ

※Lovett, et al. (2013), pp.431-432 をもとに作成

も話題に上がりやすいブランドやカテゴリーが異なっていることがわかりました。オンラインでは、オンラインに関わるグーグルやフェイスブックというブランド名が話題に上がっていた一方で、オフラインでは、日常生活に関わるであろうコカ・コーラやベライゾン（電話会社）が上位に上がってきたのです（図表3－3）。さらに、カテゴリー別でみた場合にも、オンラインではメディアやエンターテイメント製品、テクノロジー製品とサービス、自動車が話題に上がりやすいのに対し、オフラインでは、化粧品や飲料、食料などの話題が多く話題に上っていることがわかりました。これらはデータとしては少し古く、またアメリカの調査結果ではありますが、今日の日本でもまた、オフラインとオンラインで話題に上がりやすいカテゴリには違いがあることが予想されます。

4 求められる高い倫理観

インターネットやソーシャルメディアは、鍵をかけて閲覧を限定しておくこともできますが、その多くは誰でも閲覧可能になっています。そのため、本章でみてきたようなマーケティング・リサーチでは、データは自由に取得することができるという前提で考えられています。しかしながら、一方でプライバシーへの配慮が重要であることはいうまでもありません。

明確に基準を提示することはできませんが、個人を特定してしまうようなデータ収集の場合には、その調査結果が公開されるかどうかにかかわらず、相手の了解を取った方がよいでしょう。一方で、個人を特定せず、あくまで世論の傾向を確認したり定量的リサーチのように集計して分析するという場合には、必ずしも個別の了解を取る必要はなさそうです。トレンドリサーチなどは後者に該当します。

サイトに参加し、自らも一ユーザーとして発言や投稿を行うという場合にはさらに問題は難しくなります。こちらも一概にはいえませんが、倫理の問題とは別に、自らの身分を明かす場合と明かさない場合によって、サイト内のインタラクションの内容が変わるかもしれないという点についての自覚が必要です。その上で、身分を明かさずにサイトに参加し、さらにその後調査結果を公開した場合には、内容によっては批判される可能性があります。

マーケティング・リサーチに関わる企業が数多く参加する非営利組織ESOMAR（European Society for Opinion and Marketing Research）が適用するガイドラインも参考になります。日本でも、マーケティング・リサーチ協会でESOMARに準拠したガイドラインをみることができます。マーケティング・リサーチには、高い倫理観が求められることがわかります。この傾向は、今後ますます強まることでしょう。

- 誰もが閲覧できるソーシャルメディア上のコンテンツの場合でも、調査者は法律や当該ソーシャルメディアのポリシーに従うとともに、投稿者のプライバシーを保護する必要があります。
- 収集されるデータに個人識別可能な情報や機密情報が含まれるかどうかに注意します。もし、注意すべき投稿がみられた場合には、関連するポリシーを遵守し、影響を受ける個人の利益を保護します。
- 調査の分析や結果に際しては、すべてのデータを匿名で作成します。

●プライベート化されたソーシャルメディア上のコンテンツの場合には、事前に了解を取る必要があります。当然、この際に嘘をついたりするべきではありません。さらに、事前に了解を取る相手が、未成年という場合もありえます。この場合には、両親など保護者にも了解を取ります。調査目的で設置されたソーシャルメディアでも同様です。

第4章

顧客に伝える

1 既存メディアとソーシャルメディア

メディアには、日本語訳の通り、媒体や媒介という意味があります。広告であれば、送り手の情報は、テレビや雑誌といったメディアに媒介されることで、受け手に届けられます。あるいは、言葉自体、一つのメディアであり媒体の役割を担います。送り手の気持ちは、言葉を媒介して、受け手へと届けられます。気持ちそのものを直接伝えることができない以上、そこには解釈と誤解の余地があります。ソーシャルメディアもまた、一つのメディアであり、解釈と誤解にあふれていることはいうまでもありません。

毎年電通が発表している日本の広告費（図表4−1）をみると、これまで4媒体として捉えられてきたテレビ、新聞、雑誌、ラジオや、屋外広告などその他の広告を広く含むプロモーションメディア広告費に対して、インターネット広告費が大きく伸びてきたことがわかります。2009年には、新聞よりもインターネット広告費の方が多くなりました。2017年には、その総額は1兆5094億円に達しています。なお、この中にはグーグルやヤフーへの広告出稿も含まれており、フェイスブックやツイッターそれぞれへの出稿はわかりません。例えば、グーグル（親会社のアルファベット）は、2015年の749億ドルから

図表 4-1　メディア別広告費の推移

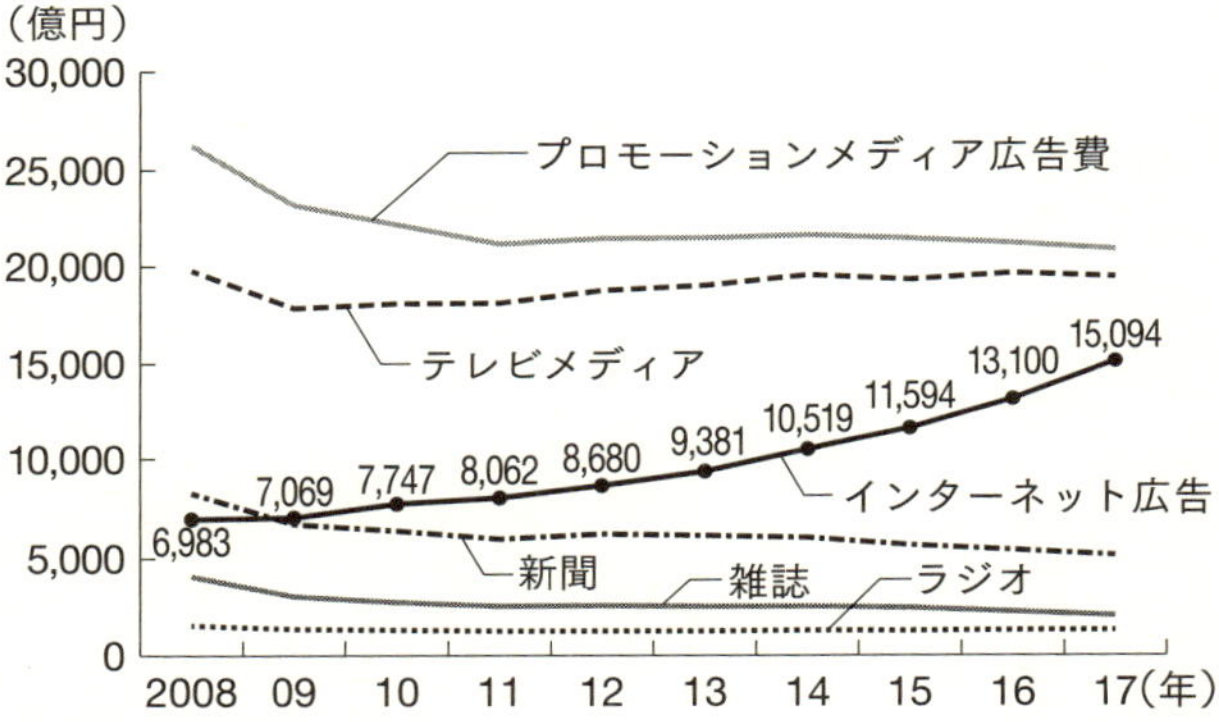

※「日本の広告費」(http://www.dentsu.co.jp/knowledge/ad_cost/) をもとに作成

1108億ドルと世界での売上を伸ばしています。これに対して、フェイスブックの世界での売上もまた、2015年の179億ドルが2017年には406億ドルにまで2倍以上に伸びています。これらの伸びを鑑みると、インターネットの広告市場は、ソーシャルメディアも含め総じて成長しているといえるでしょう。

広告におけるメディアは、マスメディアとも表現されます。この言葉が示すように、情報の媒体は、一対一に限られているわけではなく、むしろ、一対多の情報の伝達を可能にします。ことさらマスメディアと呼ばなくても、メディアという言葉には、このマスの意味合いが含まれていることがあります。当然、解釈と誤解はますます増えることになります。

マスメディアは、いわゆるメガフォンのように機能します。メガフォンを使えば、小さな声も大きな声となって広がります。それ以上に、テレビや新聞といったメディアを使うことで、企業は圧倒的にたくさんの人々に情報を伝えることができるようになります。

こうしたメガフォンエフェクトを持つメディアは、もともとは企業やセレブリティなど、ごく一部の組織や人しか利用のできない特権的な道具でした。しかし、ソーシャルメディアという言葉が示すように、これらは一般の人々でも利用できるようになりました。ユーチューブで一躍有名になることもあります。個人のブログ日記が注目され、ドラマや映画になることもあります。

もちろん、実際にメガフォンエフェクトを体験できる人々はごく限られています。たくさんの人々に情報を発信しようとブログを開設したり、ユーチューブで動画配信を始めたものの、アクセスがまったく増えないという方は多いでしょう。また、オンラインショップを開けば世界中から注文が届くのではないかと期待したものの、逆に世界中の価格競争に巻き込まれてしまい、注文は増えないままというお店も多いはずです。

ソーシャルメディアの登場により、誰でも多くの人々に情報を伝えられるようになりました。とはいえ、それはあくまで可能性であって、実際に多くの人々に情報を伝えるためには様々な方法が必要になります。解釈と誤解にも配慮する必要があります。この点は、企業であっても変わりません。ソーシャルメディアを使えば、いとも簡単に、しかもこれまでよりも安く、情報をたくさんの顧客に伝えることができる、というわけではありません。この点に注意しながら、ソーシャルメディアの情報を伝える力を確認していくことにしたいと思います。

2 オピニオンリーダーの役割

情報の二段階流れ仮説

他人の購買意思決定に強い影響力を持っている人々を、オピニオンリーダーと呼ぶことがあります。類似した用語は様々あり、例えば情報を多くの人に広めるというインフルエンサーやメイブンもまた、実質的に同じタイプの人々であるといえます。慶應義塾大学の山本准教授は『キーパーソン・マーケティング』において、彼らをタイトルの通りキーパーソンとしています。オンライン上のオピニオンリーダーを、パワーユーザーと呼ぶこともあります。こうした人々は私たちのまわりにもたくさんいそうですが、彼らが存在するということは、私たちの購買意思決定が、決して自分の思いだけで完結して行われるわけではないということを示しています。

実際、私たちの購買意思決定は、自身による判断と、その判断に影響を与える他者の存在から成り立っています。特に後者の存在については、オピニオンリーダーだけではなく、準拠集団による影響も考える必要があります。準拠集団とは、その人が関係している特定の集団のことであり、例えば大学生であれば、彼らが所属する大学やサークル、社会人であれば会社や会社内の特定の部署などが準拠集団として機能します。名前がたまたま同じといった偶然的な要素からも、自分たちは似ていると感じて準拠集団が形成されることがあります。そしてもちろん、今日では、インターネットやソーシャルメディアに形成される集団やコミュニティもまた、私たちに影響を与える準拠集団となります。

準拠集団の内部では、購買意思決定や消費パターンが似る傾向があります。例えば、就職活動中の学生の多くは同じようなリクルートスーツに身を固めています。準拠集団の内部では、同じような情報や価値観が共有され、同質化が進みます。

一方で、どのような集団であっても、時に新しい情報や価値観が入り込んできます。その役割を担うのがオピニオンリーダーです。彼らは、準拠集団内にはない新しい情報にアクセスできるがゆえに、結果的に準拠集団内でも影響力を持つことになります。

オピニオンリーダーの存在は、マスコミ研究の中で長らく考察されてきました。テレビや新聞によって提供される情報は、直接すべての人々に到達するわけではありません。ごく少数のオピニオンリーダーを介して、多くの人々に伝達されます。このことを情報の二段階流れ仮説と呼びます。

準拠集団や情報の二段階流れ仮説は、マーケティング活動にとっても重要な知見を与えます。すなわち、マーケティング活動を効果的に実行するためには、情報の伝播に際して要となるオピニオンリーダーの発見と、彼らへの情報提供が重要になります。逆にいえば、すべての人に均等にアクセスしようと試みることは、むしろ非効率であるといえます。

インターネットやソーシャルメディアを情報伝達のメディアと考えた場合にも、この考え方は利用できます。企業のプロモーションに関わるような情報は、たとえフォロワーが何万人といようとも、一気にすべてのフォロワーに伝わるというわけではありません。実際には、オピニオンリーダーを経由して繰り返し拡散していくことになります。第一報が見落とされ、スルーされるのは当たり前であり、それ自体を気にする必要はありません。この点は誤解されやすいといえます。冒頭のソーシャルメディアを使えば手軽に多くの人々に情報を伝えられるという幻想は、準拠集団や情報の二段階流れ仮説を考慮しないために引き起こされています。デジタル時代となり、たくさんの人々が容易にインタラクションできるようになったことは間違いありませんが、だからといって、誰もがすべての人と直接インタラクションするようになったというわけではないのです。

オピニオンリーダーになるのは誰か?

とすれば、問題は、誰がオピニオンリーダーなのかということです。自分の友人関係を思い返し、周囲を少し注意深く見回してみれば、オピニオンリーダー的な人々を発見できるかもしれません。インターネットやソーシャルメディアが登場する以前から調べられてきたこれまでの研究によれば、オピニオンリーダーと呼ばれる人々は、行動特性として、社交的、活動的、革新的で自信に満ちているといいます。一方で、デモグラフィック上の特徴ははっきりせず、男性や女性、あるいは年齢で区分することはできません。さらに、当然のことながら、オリジナルとなる情報の発信源であるメディアに対する関与や接触頻度が高く、オピニオンを探し求める人、オピニオンシーカーでもあります。

これらの特徴をもとにすれば、質問票やインタビューを通じて調べることもできます。あなたはオピニオンリーダーですか、と単刀直入に聞いてしまうのは日本にいると正直には答

図表4-2　オピニオンリーダー尺度

あなたが友人や隣人と＿＿について与え合う影響に関連して、自分自身に当てはまるものを選んでください。

1. 一般的に、あなたは友人や近所の人と＿＿について話すことがありますか
   まったくない　―　頻繁に
2. あなたが友人や近所の人と＿＿について話すとき、どのような立場ですか
   ほとんど情報を与えない　―　詳細な情報を与える
3. 過去6ヶ月で、＿＿について、何人くらいと話しましたか？
   誰にも話していない　―　たくさんの人に話した
4. 友人たちと比べ、新しい＿＿について、あなたはどのくらい質問されますか？
   まったく質問されない　―　非常によく質問される
5. ＿＿について話すときのあなたの立場は？
   聞き手になる　―　話し手になる
6. ＿＿について、あなたは友人や近所の人からアドバイスを求められることが
   まったくない　―　非常に多い

※田中・清水編著（2006）、68頁をもとに作成

えにくいですが、いくつかの特徴に分解して確認することはできるでしょう。これらは、オピニオンリーダー尺度に代表されるように、ソシオメトリックやセルフデザイニングとして知られています。また、そのほかに、キーインフォーマント法と呼ばれるやりかたもあります。こちらは、エスノグラフィーや心理学を応用した参与観察を行います。そして、調査者がみずから現場の中でオピニオンリーダーを探していきます。

オピニオンリーダーを探すということは、オピニオンリーダーの資質を明らかにするということでもあります。この試みはとても意味のあるものですが、一方で、インターネットやソーシャルメディアにおいて、わざわざオピニオンリーダーを探すというのもめんどくさい話かもしれません。とにかくたくさんのフォロワーにアプローチしておけば、どこかでオピニオンリーダーにもみてもらえるだろうというわけです。

この考え方は、実はあながち間違っているわけではありません。準拠集団にかかわる研究からは、オピニオンリーダーとは個人の資質の問題ではなく、張り巡らされたネットワークによって決定されるともいわれています。特にソーシャルメディアの登場は、人々のネットワークを可視化しました。当人に確認せずとも、たくさんの人々とつながり、また複数の集団をつないでいる「点」を探し出せば、彼らが結果的にオピニオンリーダーであるということになります。

さらに、ネットワークの可視化は、インターネットやソーシャルメディアに特有のオピニオンリーダー像を示している可能性もあります。それはすなわち、誰でも、オピニオンリーダーになりうるという動的な性格です。かつての時代であれば、フォロワーが新たにオピニオンリーダーになることは困難でした。しかし、ネット上であれば、例えばオピニオンリーダーがつながっている情報源に対して、簡単にアクセスして自分で確認することができます。その確認から情報が広がれば、あっという間に自分がオピニオンリーダーになることができます。

ネットワークの分析では、中心性が計算されます。集団内のネットワークにたくさん繋がっていることを示すのは、次数中心性と呼ばれます。次数中心性は、特定の人（ノード）が、どれだけ直接にネットワークを持っているのかを示し、準拠集団を作り出しているものと考えられます。一方で、集団間の繋がりを示すのは媒介中心性です。媒介中心性では、まず全体のノードの繋がりが数え上げられ、その中で、もし特定のノードを省いた場合になくなってしまう繋がりの数を調べます。そしてなくなってしまうつながりが多い人ほど、集団間のつながりを作っている人、すなわちオピニオンリーダーであると考えます。

社会関係資本の重要性

媒介中心性が高い人々がオピニオンリーダーだとすると、次数中心性が高いという人々は、一体どのような人々なのでしょうか。もちろん、彼らは同じ人々である場合もありますが、異なっていることもあります。

私たちが日常でうまく生活していくためには、様々な資本が必要です。一番必要そうなのはお金であり、経済資本と呼ばれます。一方で、大学などで学ぶ知識や教養もまた生活にとって重要だと考えられており、これらは文化資本と呼ばれます。文化資本は一朝一夕では獲得できず、子供の頃からの教育の賜物でもあるため、知らず知らずに階層を規定する要因ともなります。

これらに対して、もう一つ重要だと考えられる資本が人間関係であり、これを社会関係資本と呼びます。私たちの生活において人間関係が重要であることはいうまでもありません。世の中にはお金よりも大事なものがあるというとき、だいたい想定されているのはこの社会関係資本です。次数中心性の高い人々は、もともとはこの社会関係資本の高い人々だと考えられてきました。

これまでの議論と社会関係資本を結びつけると、一つの疑問が浮かびます。すなわち、社会関係資本の強い次数中心性の強い人々と、媒介中心性の強い人々では、どちらの方が大事なのかということです。この点について、ネットワーク論で知られるシカゴ大学のバート教授は、ビジネスの現場の人間関係の分析を通じて、新しい情報を得るという点では、後者の方がより有用であると指摘しています。この考え方は、これまでみてきたオピニオンリーダ

図表 4-3　次数中心性と媒介中心性

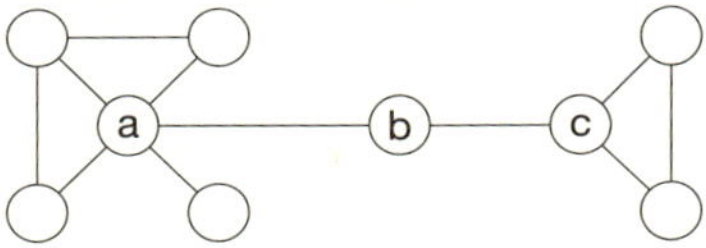

次数中心性としてはaが最も多くのつながりを持つが、媒介中心性は、aグループとcグループを結ぶbにも注目する必要がある。

ーの存在とも整合的です。とはいえ同時に、彼によれば、閉じた空間がなければそもそも大きな成果があげられることもないとします。情報伝達という点からいえば、次数中心性の高い人々と媒介中心性の高い人々が両方いてはじめて、顧客に伝えるという目的が達成されるということでしょう。

この社会関係資本は、インターネットやソーシャルメディアの人間関係にもまた適用できるのでしょうか。この点については、インターネット黎明期には、ネットに時間を費やすと現実世界での人間関係が希薄になり、社会関係資本も失われてしまうのではないかと考えられていました。しかしながら、今日のソーシャルメディアをみても明らかなように、むしろインターネット上でのインタラクションは現実世界とも強く結びつき、相互に社会関係資本を強化しあっているとみることができます。

実際の口コミもまた、インターネットやソーシャルメディアだけで閉じているわけではなく、現実世界への広がりがあってこその口コミであるという点が重要です。学習院大学の澁谷教授は、1990年代後半に話題となった「踊る大捜査線」がどのように人気を得ていったのかを分析しています。その分析では、「踊る大捜査線」は最初から人気があったわけではなく、テレビ放映の当初、その人気はマニアに限られていたといいます。しかし、当時はインターネットが大きく普及し始めた時期でもあり、彼らのインタラクションはネット上で行われていました。そしてこのやり取りをみた人々がその内容を現実世界で話題にすることにより、「踊る大捜査線」はその後何度も映画化されるほどの人気となったのです。

こうした傾向は、今も変わりません。映画でいえば、2016年に大きくヒットした2つの映画も同様でした。「君の名は。」と「シン・ゴジラ」です。前者は213億円、後者は81億円を超える興行収入を上げ、年間ランキングで1位と2位となりました。その原動力とされたのは、コンテンツ自体の素晴らしさはもちろんのこと、オンライン、オフラインを問わずに拡散していった人々の口コミの力です。さらに、「この世界の片隅で」という邦画もまた、こちらはマス広告を使っていないにも関わらず口コミで大きな話題となり、25億円の興行収入を上げるに至っています。

先のケラーとフェイによる書籍『フェイス・トゥ・フェイス・ブック』でも、本当に購買に影響を与えているのは、オフラインも含めて情報を広めている人々であるとされています。彼らの膨大なデータによれば、アメリカ人は1週間に150億回も何かしらのブランドについて話をしているものの、この約90％はオフラインで行われており、オンラインの口コミは8％にすぎませんでした。こうした結果は、先の章で確認したオンラインとオフラインで会話されるブランドに違いがあるということとも合わせて、インターネットやソーシャルメディアだけで口コミを捉えるのではなく、オフラインとオンラインの相互の波及を考える必要性を示しています。

3 コンテンツの役割

口コミが広がる論理——ティッピングポイント

口コミをはじめとして、流行を説明する言葉の一つに、著名なコラムニストであるグラッドウェルの『ティッピング・ポイント』があります。彼は爆発的な流行のきっかけとなるタイミングをティッピング・ポイントとよび、そのために重要になる3つの要素を紹介しました。すなわち、少数者の法則、粘りの要素、背景の力です。これまでみてきたオピニオンリーダーの存在は、一つ目の少数者の法則に当てはまります。とすれば、他の粘りの要素や背景の力を忘れるわけにはいきません。

興味深いことに、彼が考察していたのはインターネットが普及するよりも前であり、事例として取り上げられているのは、例えば梅毒やエイズの流行、さらには若者に向けた禁煙についてです。しかしながら、明らかに、これら三つの要素はインターネットやソーシャルメディアを前提にしたマーケティング活動でも変わらず重要です。

グラッドウェルは、若者が煙草を吸ってしまいたくなるのは止められないといいます。それは少数者の法則が示すとおりであり、煙草を吸う人々は若者の憧れの人々であることが多く、その影響力は絶大だからです。それゆえに、むしろ彼らに禁煙を勧めるのであれば、大事なことはオピニオンリーダーをつぶすという難しい作業ではなく、粘りの要素や背景の力を変えることだというのです。グラッドウェルは若者は煙草を一度は吸ってみるようになるものの、実際に中毒症状が出てやめられないという人は比較的限られているということに注目します。禁煙活動で重要なことは、最初の一回を止めるというよりは、それを繰り返してしまい、病的に止められなくなってしまうという状態に至らないようにするということだというわけです。

粘りの要素とは、ソーシャルメディア・マーケティングを考える上では、先の映画のようにコンテンツそのものの面白さや話題性と言い換えてもよいでしょう。それから背景の力は、粘りの要素を支えるような時代の風潮といったところです。どんなにオピニオンリーダーが強い影響力を持つとはいえ、コンテンツそのものに魅力がなければ、情報は誰にも伝わりません。

フランスのAddict Aideによって行われたインスタグラムを用いたアルコール中毒への注意喚起もまた、ソーシャルメディアの利用も含め、その話題性が現代に合致したことで話題になったといえます。2016年にパリ在住の25歳の女性が始めたインスタグラムは、彼女の楽しそうな日常が人気となり、瞬く間に多くのフォロワーやいいね！を集めることになります。その一方で、そのインスタグラムに隠された意味については、ほとんど気づく人はいませんでした。半年以上の投稿が続いた後、啓発プロモーションとしての種明かしが行われます。彼女の投稿写真のすべてには、アルコールが写り込んでいたのです。一見楽しそうで華やかにみえる生活の裏側には、大きな問題が潜んでいました。身近な人の中毒問題は見落としがち、インスタグラムの投稿はそう伝えます。

2016年に大きな話題となったピコ太郎による「PPAP」も同様です。「PPAP」が世界中で大ヒットとなり、ユーチューブ上での再生回数が数億回を超えたきっかけは、カナダの有名歌手ジャスティン・ビーバーがツイッターで「PPAP」をお気に入りのビデオだと紹介したことが大きいといわれています。この場合、ジャスティン・ビーバーはオピニオンリーダーとしての役目を果たしていたといえるでしょう。そのフォロワー数はツイッターの世界ランキングでも1、2位を争い、2018年には1億人フォロワーを超えています。ネット上のオピニオンリーダーを探し出すとして有名になったベンチャー企業Kloutのデータでも、ジャスティン・ビーバーの影響力は1位でした。しかし、そもそも彼が「PPAP」をツイートしたのは、「PPAP」に粘りの要素があったからでしょうし、その後のここまでの広がりもまた、誰もがユーチューブをみて面白いネタを探すような現在の時代背景があったからに他なりません。

ポッキー&プリッツの日

Addict Aideは社会的に重要ではありますが単発の啓発キャンペーンですし、「PPAP」は偶然性の強い事例かもしれません。よりマーケティングとして話題になった事例として、ポッキー&プリッツの日、11月11日に行われているイベントを挙げることができます。江崎グリコが1999年に制定したポッキー&プリッツの日は、15年以上が経ちずいぶんと認知されてきたようです。その盛り上がりを作るためのキャンペーンとして、数年前からソーシャルメディアが活用されるようになりました。特定時刻にみんなで一斉に書き込みをするのは、天空の城ラピュタ放送時に行われる「バルス」が有名ですが、これにならい、キャンペーンにしてしまうというわけです。2013年には、24時間の間でポッキーを含むツイートが371万44回行われ、ギネス世界記録を樹立しました。

崎谷さんの『Twitterカンバセーション・マーケティング』では、当時の様子がデータとともにまとめられています。それによれば、公式アカウント@pockypretz11からまず情報が発信され、そのツイート自体がリツイートされていったことや、11月11日11時11分をピークにして、前後でポッキーを含むツイートが山型に増えている様子がわかります。

ギネス達成の理由として、ポッキーやプリッツの認知度やブランド・イメージの良さはもちろんのこと、ギネスへの挑戦といったテーマ性やシンプルな参加条件などコンテンツの良さが挙げられています。しっかりと購買にまで繋がっているという点も重要です。ツイッターユーザーと非ツイッターユーザーを分けてみた場合、1万人あたりのポッキー購入者数について、ツイッターユーザーの場合は140人で前週の約4倍、一方で非ツイッターユーザーは89人であり、前日や前々日と大きな変化はなかったといいます。

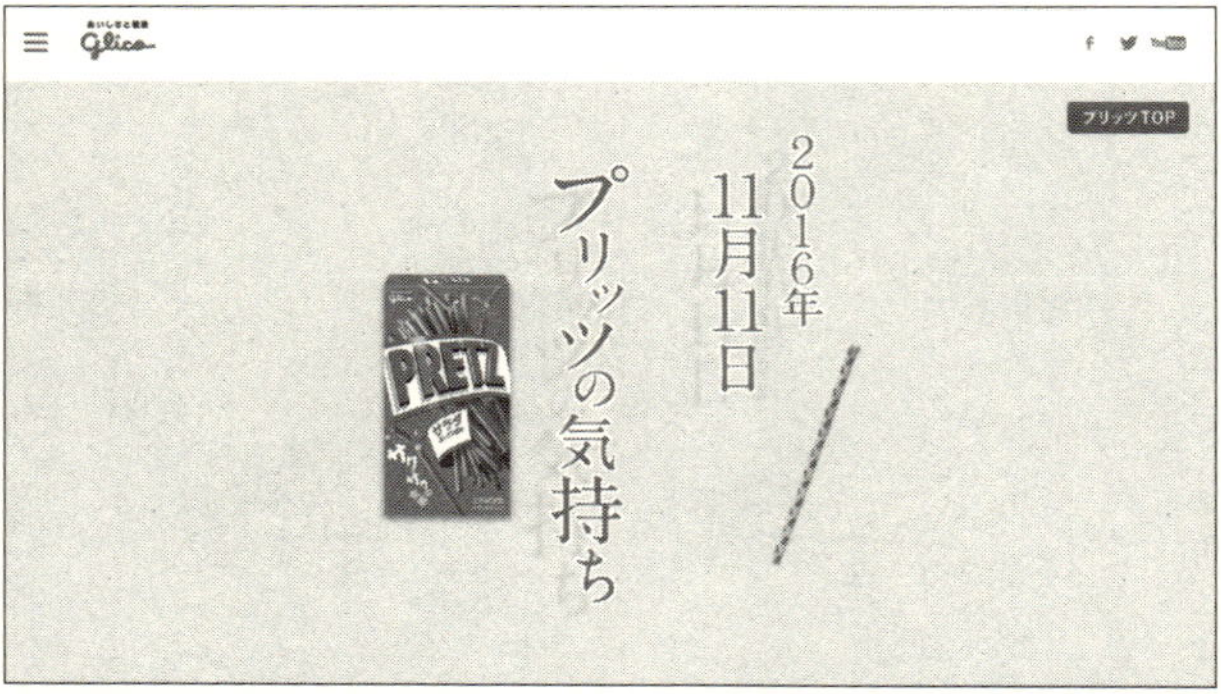

ポッキー& プリッツの日「プリッツの気持ち」（江崎グリコ株式会社）

もちろん、ポッキー&プリッツの日の場合には、半年以上前から店頭との協業など実に様々なマーケティングが進められています。これらがあってこそ、実際の購買が生まれていることはいうまでもありません。しかし同時に、こうした様々なマーケティングの中で、ソーシャルメディアが果たした役割が少なくないということも確かでしょう。ソーシャルメディアや広告をみてポッキー&プリッツの日であることに気づき、実際にコンビニに行ってたくさんのポップや陳列をみて改めてポッキー&プリッツの日を意識し、購買に至る。買ったことを自身のアカウントでも報告してみる、そしてそれをまた誰かがみて……というわけです。

粘りの要素として、コンテンツの面白さも様々に仕掛けられています。２０１６年にネット上の活動はもとより新聞広告でも話題になり、ひきつづき２０１７年にも行われたプリッツのボヤキがそれです。本来ポッキーとプリッツの日は、ポッキー&プリッツの日であるはずです。しかしながら実際には、人々の認知はもちろん、江崎グリコという会社ですら、どこかしらポッキーを全面に打ち出しています。これに対してプリッツが拗ねているようだというちょっとした小ネタが話題になってもいたのです。２０１７年には、２０１６年の話題を引き継ぎながらコンテンツが展開され、「Ｐｏｃｋｅｙ、じゃないほう」と書かれたパッケージまで販促提供されました。

情報は書きかえられて伝わっていく

オピニオンリーダーや情報の二段階流れ仮説、さらにはコンテンツ自体の魅力はいつの時代でも重要であり、インターネットでもソーシャルメディアでも、情報の拡散については同じ論理を利用できます。ただその一方で、インターネットやソーシャルメディアでは、情報の拡散に関してより注意するべき点があると、第2章のネトノグラフィーでも紹介したコジネッツ教授たちは指摘しています。それは、旧来の研究は伝播していく情報が変容する可能性や、その変容に関わる人々への理解を欠いてきたということです。

情報は、たしかにオピニオンリーダーを介して多くの人々に広まっています。しかしながら、この伝達の過程で、伝えられる情報の内容はどんどんと変わっていくはずです。それは伝言ゲームのようでもありますが、なぜそのようになるのかといえば、この伝言ゲームには多くの一般の人々が関わるからであり、さらには、彼らには彼らなりの情報を伝達しようとする意図や理由があるからです。少なくとも、多くの人々は、企業の宣伝を手伝うために情報を伝達するわけではありません。その人自身と彼らが埋め込まれたコミュニティのために伝達が起きたり起きなかったりするはずです。

これは、従来のマーケティングでは見逃されがちだった重要な点だといえます。多くの企業は、自分たちの発信する情報が、意図通りに広く伝わることを期待しています。しかしながら、その情報が広く伝わるためには、その情報に何かしらの意味をそれぞれに見い出す人々が必要なのであって、そこでは常に、意図通りではない伝わり方が生じることを覚悟しなくてはならないのです。

コジネッツ教授たちは、こうしたアンコントロールを前提としながら、人々は自分たちのアイデンティティを構築するために情報を利用し、自己表現していることに注目します。この視点は、消費者行動研究の一つであり、人々は、自分たちのアイデンティティを構築するために消費行動を行っているというアイデンティティ・プロジェクトの考え方を、ソーシャルメディアにまで広げたものです。例えば、シャネルのバッグを購入したことを報告する投稿は、シャネルのバッグを宣伝したいわけではなく、そうすることで自身がシャネルのバッグを買える存在であるということや、シャネルのバッグが持つブランドイメージを体現する存在でありたいということを示していると考えるわけです。先の Addict Aide のインスタグラムが話題となったのも、中毒という社会的な問題を取り上げることに自分なりの意味や価値を見出した人々がたくさんいたからです。

企業から発信された情報も同様に捉えられます。販促情報がツイートされるかどうかは、その販促情報が人々のアイデンティティ・プロジェクトにとって何かしらの意味を持つかどうかで決まります。販促情報そのものの価値や、ましてや、企業側の意図で決まるわけではありません。

ツイッターとフェイスブックでは、リツイートされたりシェアされる投稿の内容に違いがあるといいます。ツイッターでは、クイズや大喜利をはじめとして、面白おかしい冗談めいた投稿がリツイートされやすい傾向があります。これに対して、フェイスブックでは、より真面目でビジネスライクであったり、あるいは社会的に意味のある投稿のほうがシェアされたり、いいね！が押されやすい傾向があります。この理由はいうまでもなく、人々のアイデンティティ・プロジェクトに関わっています。それぞれのソーシャルメディア上において、自分がどのような人でありたいのか、どのような人であると思われたいのかということによって、関わろうとする投稿が異なってくるわけです。

情報の伝播を人々のアイデンティティ・プロジェクトの一環とみなすことは、実務的にも示唆を提示します。例えば、アマゾン上のレビュー投稿では、投稿者のアイデンティティに関する記述を含む投稿は高く評価されるとともに、その後の購買行動にも強い影響を与えます。こうしたアイデンティティに関する記述が重要視されるのは、レビューが基本的に匿名だからです。コジネッツたちは、ここから、口コミでは情報が伝播され共有されているというだけではなく、アイデンティティを通じた信頼や関係の構築が行われていると考えます。

インターネット上での口コミが売上にどのような影響を及ぼすのかについては、多くの研究が蓄積されています。例えば、アマゾンのレビューにみられるような人々からの情報は、その数が多いほど売上を高める傾向があります。その一方で、その具体的な評価にまで踏み込んだ場合、結果は様々になるようです。例えば、インターネット書店の売上順位とレビューの内容を調べた研究では、評価得点の平均点が高い方が売上が上がるとしています。しかし、同様の分析を映画で行った場合には、評価得点は売上に対して影響を及ぼしていませんでした。さらに、評価の分散の程度についても、はっきりとした結果はまだでていません。

4　ネガティブな口コミほど強くなりやすい

インターネットやソーシャルメディアを用いたからといって、手軽に情報が広がるわけではありません。そのためには、オピニオンリーダーや情報の二段階流れ仮説に注意しながら、さらにコンテンツの粘りも考える必要があります。この時、コンテンツの粘りについて、私たちはもう一つ注意しなくてはならないことがあります。それは、ネガティブな情報ほど、粘りが強いようにみえるということです。さらに厄介なことに、ネガティブな情報の方が信憑性を持って受けいれられる傾向があります。第3章でみたように、投稿する人や投稿の割合そのものは少ない可能性がありますが、やはり侮ることはできません。

先にみたように、情報はそのまま伝えられるのではなく、人々のアイデンティティ・プロジェクトに関わることで広がっていきます。当然、その中で情報は形を変えます。微妙なニュアンスを含んだ情報は、その詳細が省かれて単純化していくとともに、問題が大きく誇張されやすくなります。ネガティブな情報であれば、その情報はより極端にネガティブな内容に形を変え、ますます多くの人々に広まってしまう可能性があります。その前に手を打つためにはモニタリングが必要になります。

ネガティブな情報が広がることを、企業は特に恐れます。それは当然のことですが、それを人々からの不満の噴出であると考えることができれば、同時にチャンスにもなりえます。製品やサービスに不満を持った人々は、その多くは不満を述べる（Voice）ことなく退出（Exit）してしまい、企業にはその理由がわからず、対策が立てられないことがあるからです。先に説明した『フェイス・トゥ・フェイス・ブック』では、L・L・ビーンやデルの対応の方法が示されています。

L・L・ビーンは、インターネット上での購入者によるレビューを公開しており、1つ星から5つ星のスコアを受け付けています。この結果は、定期的に担当マネジャーに渡されます。その際、星1つか星2つのネガティブなレビューが6つ投稿されたとき、マネジメント上のアクションが必要になると定められているといいます。対応は大きく3つです。一つは、製品価格に対して価格が高すぎたので、価格変更をする。二つ目は、在庫をチャリティーで配る。そして最後は、製品をすべて廃棄する。ここまではっきりとルールを決めることは容易ではありませんが、ネガティブな投稿も顧客からの重要なリアクションであると考えれば、それをうまく用いた仕組みの構築が重要であるといえます。

デルもまた、同様にレビュー評価の星をマネジメントの指標として用いたとされます。2008年に星3・7であったデルの全製品の評価の平均点は、これを2009年までに4・0を目指すことが定められました。そして実際にこれを達成した後は、更にこの値を高める目標が設定されていきました。明確な目標が定まれば、何をなすべきかもみえてきます。今日の多くの企業は、顧客満足の指標を様々に社内で回収し、それを自社の製品やサービス改善に活かしているはずです。インターネットやソーシャルメディアでも、同様の活動が求められるといえます。

第5章 顧客と繋がる

1 オンライン・コミュニティの発達

インターネットが日本で商用利用できるようになったのは1993年のことでした。その後、約四半世紀を経て、インターネットは私たちの生活を大きく変えてきました。その黎明期から注目を集めていた可能性の一つに、コミュニティがあります。今日のソーシャルメディアをみればわかるように、インターネット上には多くの人々が集まり、日常的にインタラクションを繰り返しています。それはインターネット空間に生まれた新しいコミュニティであり、人々はそこで情報を発信したり、逆に情報を収集することはもちろん、居心地のよい場として、現実のオフライン・コミュニティと同様の機能を果たすのではと考えられたわけです。

日本で最初に注目されたのは、インターネット以前のパソコン通信の世界であり、ついで2ちゃんねるが大きな話題となりました。2000年代には、マーケティング分野でも様々な研究が行われました。当時、一橋大学では古川教授たちによって『デジタルライフ革命　顧客たちのeコミュニティ』（2001年）がまとめられ、神戸大学からは石井教授を中心にして、『インターネット社会のマーケティング　ネット・コミュニティのデザイン』

（2002年）や『仮想経験のデザイン　インターネット・マーケティングの新地平』（2006年）が刊行されました。慶應義塾大学では池尾教授たちにより『ネット・コミュニティのマーケティング戦略　デジタル消費社会への戦略対応』（2003年）がまとめられています。それぞれ当時注目されていたたくさんの事例が紹介されていますが、興味深いことに、多くのコミュニティはその後あまりみかけなくなりました。消えていったコミュニティもあれば、形を変えたコミュニティもあります。

地理的制約の少ないオンライン・コミュニティでは、人々を結びつけるために、価値観や目的の共有がより重要になります。例えば、アイドルファンが集まるオンラインの空間や、あるいは後述する特定のブランド好きの人々が集う空間は、同じ価値観や目的を共有することによって成立するコミュニティであるといえます。その価値観や目的が失われれば、人々はコミュニティから離れていくことになります。

むしろ逆に、地理的制約をネットのオンライン上に持ち込むようなコミュニティも存在します。現実の人間関係をもとにしている傾向の強いフェイスブックやＬＩＮＥが典型です。学校や職場でも対面で日常的に接しながら、夜や休日はこれらのソーシャルメディア上でやり取りするという人も多いでしょう。この場合には、オンライン上で同じ価値観や目的が共有されているというよりは、先に仲間としての関係ができ上がっており、様々な話題がやりとりされることになります。

以上の違いは、第2章で紹介したとおり、今日ではインタレストグラフとソーシャルグラフとして、ソーシャルメディアを分類する重要な軸だと考えられています。価値観や目的の共有を前提にするインタレストグラフ中心のコミュニティと、現実の人間関係を前提とするソーシャルグラフ中心のコミュニティがあるというわけです。

インタレストグラフとソーシャルグラフは、ソーシャルメディア・マーケティングを考える上でも注意すべきポイントとなります。インタレストグラフ中心のコミュニティの場合、当の興味にブランドが入り込めば、強いブランド・コミュニティが生まれます。一方で、ソーシャルグラフの繋がりにブランドが入り込むことは容易ではありません。あくまでブランドは手段であり、会話の中でときに参照されるに過ぎないということを理解する必要があります。

コミュニティの存在は、第3章で確認した情報の伝達という点でも重要な役割を担います。コミュニティはまさに準拠集団であり、ブランドの愛好家が集まることによって相互の価値が共有されるとともに、そのブランドの価値がより高まる可能性もあります。本章では、こうしたコミュニティとしての性格を考えていくことにします。

2　ブランド・コミュニティとは

ブランド・コミュニティの神話と現実

オンライン・コミュニティを考える上で参考になるのは、ブランド・コミュニティに関する研究蓄積です。ブランド・コミュニティとは、特定のブランドを愛好する人々が集まるコミュニティであり、当初はオフラインの場において人々が集まり、ブランドについて語り合うとともに、企業に対してブランドの維持や改良を働きかけることもありました。彼らの存在は、ブランドの価値向上にとって重要であると考えられてきました。

最も象徴的なブランド・コミュニティとして知られているのは、ハーレー・ダビッドソンです。当時、アメリカでは日本からやってきたホンダやヤマハの小型で高性能な二輪自動車が市場を広げつつありました。これに対して、ハーレー・ダビッドソンは、販売店をハブとして顧客を会員化するハーレー・ダビッドソン・オーナーズクラブを結成し、ブランドとしての価値を高めて対抗しようとしました。この中で、ハーレー好きな人々には独特なアイデンティティが生まれているとともに、男らしさやアメリカらしさといったハーレー・ダビッドソンのブランド・イメージが関わっていることが際立ってみえるようになってきたのです。さらに、彼らは同じブランドを愛好する仲間として結束し、ブランドの価値を伝える役割も担っていることがわかりました。

様々な企業がこれに追随し、ブランド・コミュニティの構築を目指すようになりました。ただ、その後の多くの企業の試みはあまりうまくいかなかったようです。ボストン大学のフォルニア教授たちは、その理由について、ブランド・コミュニティの神話と現実として7つの点からまとめています（図表5−1）。大事なことは、企業がブランド・コミュニティの本質を見誤っているということです。すなわち、ブランド・コミュニティはそこにいる人々のためにあり、顧客そのものであるにもかかわらず、多くの企業はブランド・コミュニティを自分たちのマーケティング・ツールのように考えていました。

彼女たちは、ブランド・コミュニティを構築したいと思っているのならば、それはマーケティング戦略レベルではなく、事業戦略として、企業全体としてコミットする必要があると述べています。なぜならば、ブランド・コミュニティは企業のためではなく、そこにある人々のためにあるからです。人々の集まる場所に参加するためには、単なるプロモーションの一環としてではなく、事業として、企業としての相当の覚悟が必要だということです。そ

図表 5-1　ブランドコミュニティの神話と現実

神話	現実
ブランド・コミュニティはマーケティング戦略である	ブランド・コミュニティは事業戦略である
ブランド・コミュニティは企業のために存在する	ブランド・コミュニティはそこにある人々のためにある
ブランドを確立すれば、コミュニティがついてくる	コミュニティづくりに工夫を凝らすことで、ブランドが強化される
ブランド・コミュニティは、ロイヤルティの高いブランド支持者のための「愛の祭典」でなければならない	賢明な企業は、対立を歓迎し、コミュニティを賑わせる
オピニオンリーダーが強固なコミュニティを築き上げる	ブランド・コミュニティは、メンバーがそれぞれの役割を果たすとき、最も強固になる
オンラインソーシャルネットワークは、コミュニティ戦略の鍵である	コミュニティ戦略ではなく単なるツールである
ブランド・コミュニティは、厳格なマネジメントとコントロールによって成功する	人々のものであり、人々により成り立っており、マネジメントとコントロールを受け付けない

※Fournier & Lee（2009）をもとに作成

れからもう一つ重要な点として、オンライン・コミュニティを顧客のすべてであると考えてはいけないといいます。インターネットやソーシャルメディアがここまで当たり前になった今でこそ、重要な点といえるかもしれません。

神話的構造の存在――3つの特徴

人々が作り出したブランド・コミュニティは、通常のコミュニティと同じように大きく3つの特徴があると考えられています。同類意識、儀式と伝統、それから道徳的責任です。ブランド・コミュニティ研究では、こうした論理を、神と信者といった関係や神話に類似した構造として捉えてきました。

一つ目の同類意識とは、コミュニティ内のメンバーが同じブランドを愛好する仲間だと認識されているということです。サーブに乗る人をサーバーと呼んだり、マッキントッシュ・ユーザーをマック・ピープルと呼ぶように、彼らは自他ともに認識される仲間を形成します。ただし、仲間であるためには正当性が認められている必要があります。いわゆるにわかファンについては、むしろ仲間ではないという排除の意識が働きます。また、競合するブランドへの態度も重要になります。マッキントッシュに対するウィンドウズのように、競合との明確な比較を通じて同類意識は高められることになります。

儀式と伝統は、コミュニティの文化を作り出します。例えば、サーブに乗る人は、道でサーブに会うとクラクションを鳴らしたりヘッドライトを付けて合図を送るといいます。これらは暗黙のうちに行われる儀式であり、その行為を通じてお互いサーブ・ユーザーであることを認識し、コミュニティの存在を感じることになります。また、ブランドの歴史を祝い、ブランド・ストーリーを共有することも儀式や伝統として行われます。先の章でポッキー&プリッツの日を紹介しましたが、この日がブランド・ファンによって自然と祝われるようになり、また日常的にポッキーやプリッツでシェアハピの挨拶が行われるようになれば、そこに強固なブランド・コミュニティを見出せるかもしれません。

最後に、道徳的責任は、コミュニティに所属するという意識が作り出すプレッシャーでもあります。道徳的責任は、メンバーの形成維持に役立つとともに、個別のメンバーのブランド使用を支援する行動となって現れます。サーブ・ユーザーは仲間がサーブ以外の車を運転することを嫌い、そのような行動を取ることを妨げようとするとともに、そのような行動を取るユーザーを裏切り者として捉えるといいます。同時に、仲間を支援するという点では、評判の良いディーラーを教え合う行動や、技術的な特徴などについても情報を共有することが行われています。

これらの特徴は、インターネットやソーシャルメディア上でもみることができます。例えば、ツイッターでは企業アカウントに多くのフォロワーが集まります。企業アカウントは、同類意識を鼓舞するように、「弊社」や「我が社」という表現だけではなく、仲間として「私たち」という言葉を用います。ユーザー側も、企業アカウントを特別視するというよりは、「さん」付けで呼ぶことを通じて親しさを作り出しています。実際、井村屋のツイッターの企業アカウントは、隣のお兄さんならぬ「隣の井村屋さん」を目指して運用されているといいます。儀礼と伝統では、シャープやセガのツイッターの企業アカウントにみられるように、たびたび昔の名機、名作と呼ばれるような製品、サービス情報がツイートされ、多くの人々にリツイートされています。これらは繰り返され、共有されていくブランド・ストーリーであるといえます。

ちなみに、道徳意識は、裏切りを許さないというほど強くはないかもしれません。むしろフォローの敷居が低いため、複数の企業アカウントをフォローしているというユーザーも少なくありません。その業界や製品に興味の強い人ほど、この傾向がみられるといいます。業界や製品に興味が強い人とは、ようするに第4章で紹介したオピニオンリーダーの性格を持ちますから、彼らを特定の企業だけが利用する、あるいは囲い込めるといった考え方は、うまくいかない可能性があります。良くも悪くも、情報共有はより容易になっているといえるでしょう。

3 ブランド・コミュニティのマネジメント

コミュニティを形成維持する4つの実践類型

1990年代以降様々に行われてきたブランド・コミュニティ研究をオフライン、オンライン問わず包括的に分析し直したアリゾナ大学のシャウ教授たちは、ブランド・コミュニティにはより多様で重層的なユーザーが参加しており、彼らの参加を通じてコミュニティが形成維持されているといいます。そして、神話的な構造として同類意識にせよ道徳的責任が見出せるというだけではなく、これらはユーザーの実際的な行動を通じて様々に実践されているとします。この分析からは、企業がコミュニティに関わろうとする際に必要となる具体的なマネジメントを見出すことができます。

彼女たちの分析では、具体的に12の細かい実践が示され、大きくは4つの実践類型としてまとめられています。彼女たちの用語に従えば、①ソーシャルネットワーキング、②コミュ

図表5-2　ブランド・コミュニティの実践類型

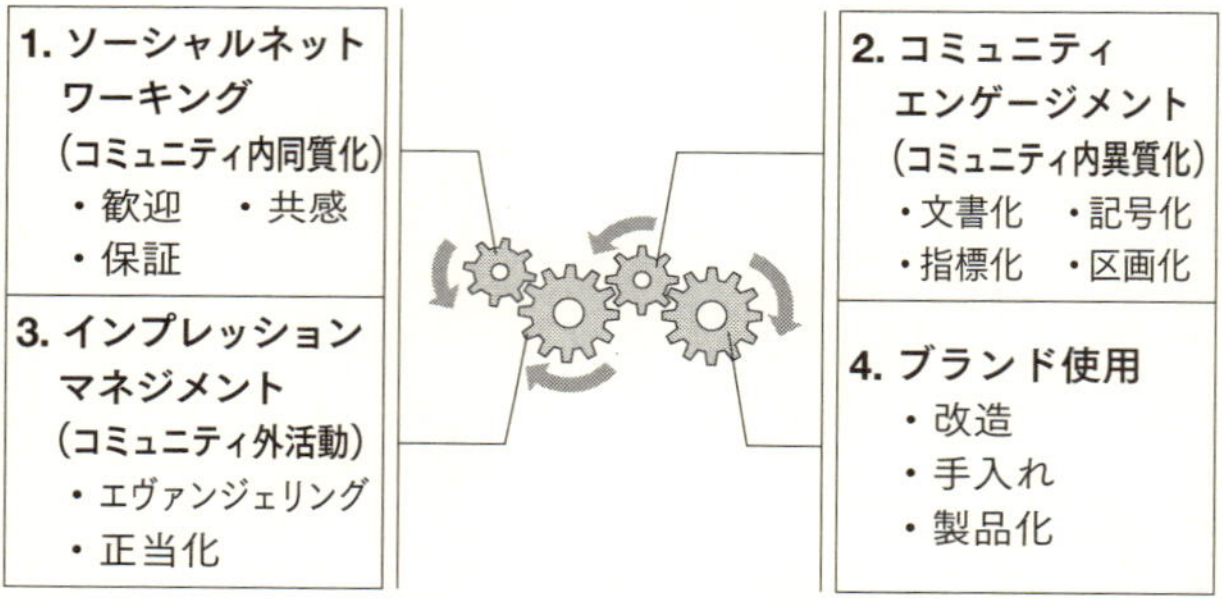

※Schau et al. (2009), p.36 をもとに作成

ニティエンゲージメント、③インプレッションマネジメント、④ブランド使用です。少しなじみのない用語ですので、具体的に確認しましょう（図表5－2）。

ソーシャルネットワーキングは、ブランド・コミュニティ・メンバーの創出、維持、強化を行おうとする実践を指します。これらの実践は、ブランド・コミュニティ・メンバーの同質性を高め、それぞれのメンバーの行動を予測可能にする規範性を作り出すといいます。例えば、あるサーブ・コミュニティでは、熱狂的なサーブのファンだというイタリアの少年から受け取った手紙が回覧されました。その手紙には、彼が1983年と1984年に発売された3ドアのモデルが好きであり、これらの自動車の写真を探していると書かれていました。大事なことは、この手紙がメンバーに回覧されたのは、コミュニティ内でその写真を探すためだったわけでもなければ、その情報を共有しようとしたからでもなかったということです。彼らは、この手紙を回覧するということを通じて、サーブのファンとして好むべき車種は何であるのか、そしてどのように楽しむべきなのかということを再確認しているのです。

コミュニティエンゲージメントでは、ブランド・コミュニティ・メンバーの段階性が強化されます。ソーシャルネットワーキングに近いようにみえますが、コミュニティエンゲージメントでは、むしろ段階や区別を持ち込むことによって、ブランド・コミュニティ内の異質性が高まります。例えば、日本ではトイカメラとして知られるロシアのロモの愛好家が集うコミュニティでは、繰り返し写真コンテストが行われてきました。写真コンテストでは、うまい写真とそうではない写真が分類されることになります。うまい写真を撮るユーザーはコミュニティの中でも評価される立場になり、逆にそうではないユーザーは一般のユーザーとして立場に違いが生じます。さらに、同じくロモのコミュニティには世界中の人々が参加する一方で、地域ごとのサブ・コミュニティが生まれ、それぞれに異なった写真の取り方や評価を行うようになります。

3つ目のインプレッションマネジメントでは、ブランド・コミュニティの内側ではなく、外側の社会全体にブランドの良さを表出する実践が行われます。ブランド・コミュニティに参加していない人々に対して、ブランドの良さや自分たちの素晴らしさを表現するということもありますし、開発元となる企業に対しても、当該ブランドの維持やさらなる改良を訴えるということもあります。かつてアップルが発売したニュートンは、今日のiPhoneの先駆けともいわれる製品であり、一部のユーザーに熱狂的に支持されました。しかしながら全体としての売上はふるわず、間もなく終売となりました。熱狂的なユーザーはブランド・コミュニティを維持し、メーカーの意図を無視して製品の改良を続けるとともに、アップルに対しても再販売を要求したのです。

最後に、ブランド使用は、当該ブランドの改善や新しい使い方に関わります。これらの使用方法は、当然当初の企業の意図を越えているとされ、先のニュートンのように、企業の意図とは別に勝手に改良、改造を繰り返すということも起こります。あるいは、ストリペクチンという化粧品は、もともとは妊娠線を消す製品として販売されたのですが、そこから転じて通常のしわにも用いられるようになりました。

これらの実践は密接に関係しあっており、順番があるというわけでもなければ、一つの活動に一つの意味を当てはめることも困難です。例えば、新しいメンバーを受け入れる歓迎とみなされる実践が、同時に、次の場面では新しいメンバーを外部から募るエヴァンジェリングとしてみなされることもあります。あるいは、ソーシャルネットワーキングの保証を目指した実践は、メンバーに異なるステータスを与えるコミュニティエンゲージメントとしても捉えられるかもしれません。具体的な活動がどの意味を担うことになるのかは、その活動だけをみても判断できないわけです。その活動がどのように受け入れられて、次の活動を引き起こしていくのかを捉える必要があります。

ハム係長の実践

これらの実践は、今ではそのまま企業がインターネットやソーシャルメディア上でブランド・コミュニティを運営する際に注意すべきポイントともなります。例えば、フェイスブック上で人気が出た伊藤ハムのハム係長の活動も、4つの類型から捉えなおしていくことができます。

2011年ごろから運営が始まったハム係長では、当時、中の人と呼ばれる一人の社員が実質的な作業を取り仕切っていました。この際、ユーザーからフィード内にコメントをもらった場合には、ほぼ100%返信をしていたといいます。個別に返信できないという場合には、「多くの方からコメントをいただきました」といった総括的な返信をすることで対応していました。ただやりとりに明確なルールがあるわけではなく、例えばこちらからの投稿に対するコメントバックに対しては、その際のコミュニティの盛り上がり次第で、コメントを返すこともあれば返さないこともあったといいます。今ひとつ盛り上がりに欠けていると担当者がみた場合には、積極的にコメントバックに対応することで場を盛り上げるというわけです。

こうした対応は、ブランド・コミュニティ上のソーシャルネットワーキングを企業の担当者が行っていたとみることができます。ただコメントにいいね！を返すだけではなく、より踏み込んでコメントをしてくれたユーザーに対して、彼らを温かく迎え入れ、同じ仲間であることを示しているようにみえるからです。

こうしたインタラクションは、インターネットやソーシャルメディアを利用するがゆえに、いまだコメントをしていないユーザーや、いいね！ボタンを押していない未知のユーザーも閲覧することができます。フェイスブックを閲覧したユーザーは、ハム係長にコメントを返すとどういった反応が得られるのかを知ることができるとともに、このコミュニティがどういうコミュニティなのかを理解することができます。つまり、これらのやりとりは同時にインプレッションマネジメントとしての役割も果たしており、外部の新しいユーザーを取り込むきっかけとなるわけです。ハム係長としてもこうした影響を念頭において おり、例えば、東京駅の近くでハムやソーセージのおいしい店を教えてくださいといった、本当は専門外で答える必要がないかもしれないコメントに対しても対応することがあったといいます。

内側のユーザーと外側のユーザーに向けた同時的な働きかけは、インターネットやソーシャルメディアであれば当たり前のことだといえるかもしれません。旧来のブランド・コミュニティでは、特にオフラインの場合を考えてみると、どうしてもコミュニティ内の活動とコミュニティ外に向けた活動は別になりがちでした。内側で何をしているのかは、すぐにはわからないからです。

フェイスブックで行われる活動では、他のソーシャルメディアに比べて実名性が基本になります。これに合わせて、実際の運営を特定の社員が専任していたこともあり、ハム係長ではコミュニティに参加してくれているユーザーの実像がわかるようになっていたといいます。当然、ポジティブなコメントを返してくれるユーザーもいれば、どちらかというと批判的なコメントを返してくれるユーザーもいます。ハム係長には、そのコメントを行った人がどういう人なのかがある程度わかります。どのくらいの頻度でコメントしてくれているのか

図表 5-3　ハム係長にみるコミュニティ・マネジメント

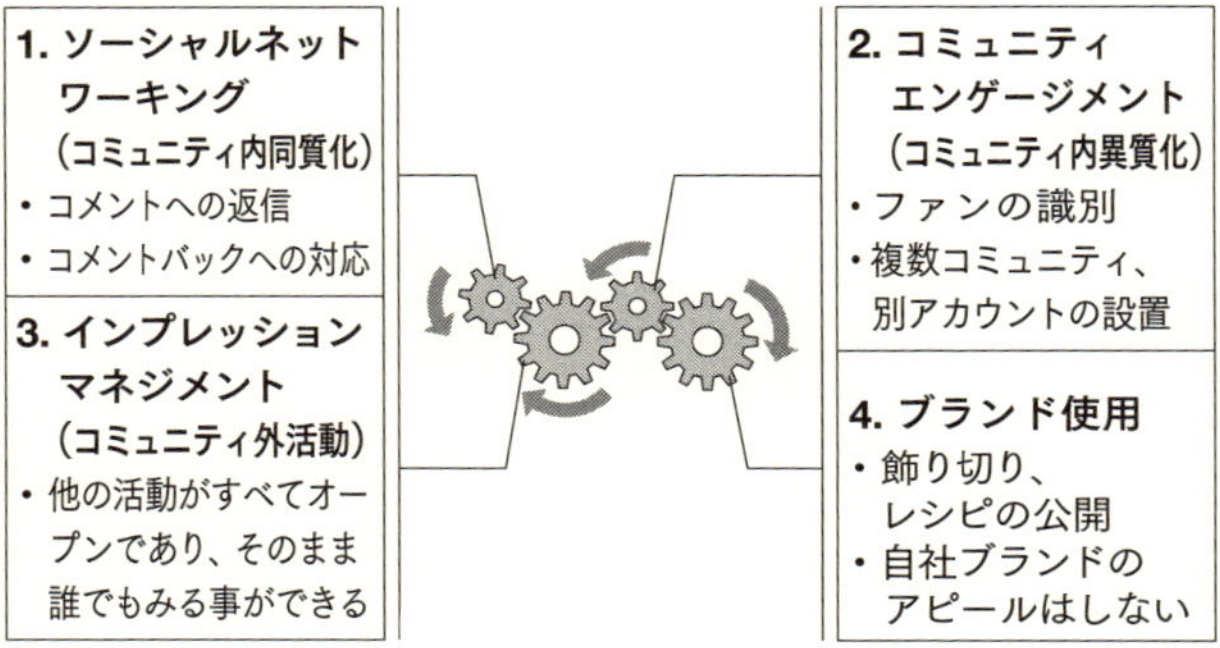
1. ソーシャルネットワーキング
（コミュニティ内同質化）
・コメントへの返信
・コメントバックへの対応
2. コミュニティエンゲージメント
（コミュニティ内異質化）
・ファンの識別
・複数コミュニティ、別アカウントの設置
3. インプレッションマネジメント
（コミュニティ外活動）
・他の活動がすべてオープンであり、そのまま誰でもみる事ができる
4. ブランド使用
・飾り切り、レシピの公開
・自社ブランドのアピールはしない

についてもわかっていました。

こうした相手に対する理解や対応の仕方を変えていくことは、おそらくコミュニティ内の異質化であるコミュニティエンゲージメントに関わっています。旧来のブランド・コミュニティでは、ユーザーたちは自発的にサブ・コミュニティを形成したり、コンテストを通じて自分たちをランキングしていました。その方法は、ソーシャルメディアでは企業側の重要なマネジメントとして取り込まれているようにみえます。コメントの対応を誤れば、当然炎上という事態になるかもしれません。企業側がコミュニティのメンバーをうまく識別し、対応の方法をわけています。

さらに、ハム係長は「アサノフレミ」という別アカウントのキャラクターとともにソーシャルメディア上に登場し、相互にインタラクションすることもあるようになっています。ファンになっているユーザー層は7、8割が重なっていましたが、フレミは女性設定ということもあり、男性層の支持が多いといいます。現時点では受け付けていませんが、アサノフレミ宛にお菓子が送られてくることもありました。複数アカウントの利用は、それぞれのキャラクターに応じてファンになるユーザーを対応づけ、階層化されたサブ・コミュニティを形成する一つの方法です。

最後にブランド使用の実際についても、特定ブランドを紹介するというよりは、ソーセージの飾り切りの方法や、ハム一般の調理方法についてのレシピ公開をしています。これらの公開時期や内容については、その日の天候や状況に合わせてそのときに決められていました。ハム係長では、コミュニティへの投稿のタイミングやスケジュールが機械的に定められているのではなく、逆に臨場感のあるやり取りが重視されていたわけです。

オンライン・コミュニティが持つ7つの性格

こうしてブランド・コミュニティに関する研究蓄積をもとにすることで、私たちは人々が自然と作り出してきたコミュニティの仕組みを知ることができます。そこに企業が入り込むことは決して簡単ではありませんが、特にインターネットやソーシャルメディアの発達は、

図表 5-4　オンライン・コミュニティの 7 つの性格

会話	テキストベースのインタラクション
実在性	インタラクションが作り出す社会的実在性
集団的関心	集団を維持する中心的な関心の存在
民主主義	フラットな関係性
群衆の力	集合知への期待
行動基準	明示的、暗示的なルールの存在
参加レベル	ラーカー、ROMの存在

その敷居を下げたように感じられます。ハム係長にみるような積極的なインタラクションはもちろん、井村屋のツイッターが実践してきたように、できるだけ対等な形で、それでも少し距離のある「さん」付けで呼ばれるような関係を構築することもできます。

ブランド・コミュニティに限らず、より広範にインターネットやソーシャルメディア上に構築されているオンライン・コミュニティは、大きく7つの特徴から捉えることができます。①会話、②実在性、③集団的関心、④民主主義、⑤群衆の力、⑥行動基準、⑦参加レベルです（図表5－4）。これらはコミュニティの形成維持を考える上で、無視できない前提条件であるといえます。

①会話とは、当たり前ではありますが、まさにオンライン・コミュニティがインタラクションによって構築されていることを示しています。多くの人が多くの会話をすればする

ほど、コミュニティは活性化しているといえるでしょう。投稿は多くの場合文章として書かれ、それを読むことによって成り立つわけですが、私たちは通常それを会話として捉えます。第3章でみたソーシャルメディア・リスニングや傾聴（耳を傾けて聞く）という表現が象徴的です。

②会話を通じて、私たちは仮想空間の中に何かしらの実在を感じます。現実にはパソコンやスマホの前で一人ディスプレイを眺めているだけかもしれませんが、まるで何処か別の空間にいるように感じられることもあります。近年では、そもそもグラフィカルなサイトが構築されるようになっており、部屋のレイアウトやアバターが用意され、より実在を感じやすくなっているといえます。

③集団的関心は、投稿のやり取りを規定する中心的な役割を担っています。オフライン・コミュニティであれば、会話の中心に明確なインタレストがなくてもいいかもしれません。天気の話といったとりとめのない会話も十分に起こりえます。しかし一方で、オンライン・コミュニティの場合には、そもそものヴァーチャルな場に参加する必要があり、そのためにはその場に対する何かしらのインタレストが欠かせません。知りたい情報や探したい情報がある、会話したい人がいる、種類は様々ですが、集団的関心を中心にして、オンライン・

コミュニティでは会話が続けられることになります。

④オンライン・コミュニティは、フラットな関係が多く、民主主義的な傾向を持ちます。サイト運営者の役割や、情報の濃淡はもちろんありますが、リーダー的な役割は、コミュニティへの貢献の高い人が担います。第3章で紹介したように、インターネットやソーシャルメディアでは誰もがメガフォンエフェクトを持ち得るため、少数のエリートが支配するコミュニティという考え方はあまりなじみません。この点は、企業が中心になるという場合にも課題となります。

⑤人々が民主主義的に集まることで、群衆の力として集合知が期待されることもあります。既存の組織やオフライン・コミュニティでは難しいような知恵が生まれる可能性があるということです。食べログやトリップアドバイザー、あるいはクックパッドに掲載される情報の多くは、一般の人々の知恵です。これらの集合知を求めて、更に多くの人々がサイトにアクセスします。そのアクセスはランキングを形成し、集合知を洗練させていきます。当然、集合知は企業にとっても魅力的であり、次章でみるように顧客参加型製品開発を試みることにも繋がります。

とはいえ一方で、誰もが自由になんでもできるというわけではありません。⑥オンライン・コミュニティにも様々な行動基準が存在しています。それは明文化されていることもありますが、その多くは暗黙のものです。例えば、英語サイトでは、すべてのアルファベットを大文字で表記することは怒りを示すため、控えるべきだとされています。日本でも、誹謗中傷に対する警告はもちろんのこと、ソースの明示が求められるコミュニティがたくさんあります。また、ソーシャルメディアのプラットフォームの特性に応じて、例えばＬＩＮＥのように絵文字が多く使われることが前提とされている場合もあれば、フェイスブックのように絵文字の利用が可能であっても比較的使われない場合もあります。

⑦最後に、参加レベルは、オンライン・コミュニティへの参加の程度を示します。どんなに沢山の人々が参加しているとしても、その参加の程度には濃淡があります。一般的に、参加者のほとんどはラーカー、あるいはＲＯＭ（Read only member）と呼ばれる自分からは情報を発信しない人々です。ソロモン教授の書籍『ソロモン　消費者行動論』によれば、典型的なオンライン・コミュニティでは、定期的に参加し会話するのはわずか1％、ごくたまに投稿する人も9％であるとされています。とすると、残り90％は、会話をみているだけの人ということになるわけです。ブログの登場やソーシャルメディアの発達は、より多くの人が容易に情報を発信することを可能にしましたが、すべての人がそのように行動しているわけ

ではないという点には改めて注意する必要があります。このことは、第3章で説明したリサーチにも通じる課題です。

4 アンチ・ブランド・コミュニティにどう関わるか

企業から離れて作り上げられてきたコミュニティは、今も昔も、ブランドを単純に肯定するわけではありません。特に極端な場合には、アンチ・ブランド・コミュニティが形成されることもあります。先程のアップルの場合も、ニュートンはすでに販売が中止されたブランドであり、勝手な改造を繰り返し、その再販売を目指す強固なコミュニティでした。草の根的な活動も、今日ではインターネットやソーシャルメディアの力によって、思いがけず大きな規模となることもあります。

アンチ・ブランド・コミュニティは、かつての消費者運動や社会運動とも密接に関係しています。例えば、ウォルマートにはアンチ・ブランド・コミュニティがインターネット上に存在しています。そのコミュニティでは、ただ企業への悪口が書かれているというわけではなく、労働環境などに関する社会的問題が様々に指摘されています。

日本では、アンチ・ブランド・コミュニティというと、それこそ2000年代を代表する

図表 5-5　日米韓で利用されるフェイスブック機能の違い

（ファン数トップ100社）

	日本	韓国	アメリカ	χ_2
認証	32	22	92	**
アプリ	70	81	77	
写真	100	100	100	
動画	90	99	95	
ノート	23	88	16	**
このページが「いいね！」と言っています	75	72	92	**
イベント	2	1	7	
所在地	15	7	41	**
ビジター投稿	39	64	80	**
レビュー	10	4	2	
レスポンス	28	52	73	**

［注］** は 1％水準の統計的有意差

2ちゃんねるのようなサイトを想像するかもしれません。匿名性を前提として、嘘か本当かわからない内容と罵詈雑言の応酬が続くというわけです。しかし、2ちゃんねる自体、多様な側面がありましたし、そのような理解は必ずしも正しくありません。

フェイスブックの企業アカウントがどのように運営されているのか、2015年に調べたことがあります。日米韓それぞれについて、ファン数が多い順に100社選び、その企業アカウントが利用している機能を一覧表にしました（図表5－5）。結果、写真や動画は日米韓に違いはなく、ほぼ全ての企業アカウントが利用していた一方で、ビジター投稿や投稿へのレスポンスなどインタラクションに関わる機能については、アメリカに比べ日本ではあまり用いられていないことがわかりました。韓国はその中間でした。

この結果自体も日本における企業アカウントのあり方を考える上で興味深いものでしたが、それ以上に印象的だったのは、ユーザーから寄せられる批判コメントへの対応でした。例えば、スターバックスやナイキに対しては、常にユーザーからの批判コメントが寄せられていました。しかしこれに対して、企業アカウントはその都度コメントを返していました。ブランド・コミュニティは単純にブランドを賞賛するだけではないということとともに、アンチに対して、企業はどのように向き合うのかを考える必要があるといえます。

真面目に答えていくことはもちろん、時にはユーモアも必要です。2013年にカンヌで評価されたマクドナルド・カナダによる情報提供サイト「Our Food. Your Questions.」は、マクドナルドに対する様々な誹謗中傷に真面目に答えようとするものであるとともに、そうした取り組み自体がたぶんにユーモアにあふれたものでした。彼らは、人々から自由に質問を受け付けました。その中には、かつて話題になったような、マクドナルドのパテやナゲットはピンクスライムではないのかといった都市伝説のようなものも含まれていましたが、これらに対して回答を寄せていったのです。実際の加工状況のレポート動画もアップロードされ、例えば鶏肉が一羽ずつカットされて素材となっていく過程が紹介されました。

もちろん、こうしたインタラクションや情報提供により、批判がなくなるということはないでしょう。しかしながら、人々と対等な立場でインターネットやソーシャルメディアのコミュニティに参加していくという場合には、不断の対応が求められるといえます。

第6章

顧客と創る

1　共創の時代

インターネットやソーシャルメディアの普及は、様々な形で一般の人々をエンパワーメント（力の付与）しています。誰でもこれまで以上にたくさんの情報を探し、自らも発信し、流行のきっかけとなることもあります。さらに、人によっては製品開発に携わり、消費者の枠を超えたクリエイターとして活躍することもできるようになりました。こうした人々は、もちろん昔から存在していましたが、インターネットやソーシャルメディアは、その敷居を大きく下げています。

最近の小中学生が将来なりたい職業の一つには、ユーチューバーが挙げられているといいます。『毎日新聞』の2017年4月16日の記事では、新一年生に就きたい職業を聞いたアンケートで男女ともに10位以内には入らなかったとされていますが、ゲームなど好きなことだけをして稼げそうだという楽しそうなイメージがあるのかもしれません。多くの人がそのコンテンツをみるようになれば、確かに広告収入を見込むことができるようになります。コンテンツを制作し、ユーチューブ上にアップロードすることは、一つの製品開発の姿だといえます。

多くの企業やマーケティングにとって、こうした消費者の「生産」活動は魅力的に映ります。彼らの活動は、いわゆるユーザーイノベーターとして、画期的な製品開発に繋がっているかもしれません。彼らの手を借りることで、より効果的で効率的な製品開発ができるかもしれません。必要な知識や、仲間を集めてくれるかもしれません。さらに、製品開発に携わってくれることによって、自社ブランドにますますロイヤルティを感じてくれるかもしれません。

具体的な期待をしない企業も、彼らの存在を無視するというわけにはいきません。人々は企業の文脈をすでに離れ、自由に何かを作り始めているからです。思いがけないアイデアがいつの間にか生まれており、他社がそのアイデアを拾い上げてしまうかもしれません。創造的なアイデアだけではなく、問題のあるアイデアも実現されているかもしれません。自社製品の改造や、違法なコピー創作が生まれているかもしれません。これまでは水面下に隠れており、それほど目くじらを立てるほどでもなかった消費者の生産活動が、今ではネット上で広く可視化されています。

良くも悪くも、今日の企業は、広く顧客とともに事業を展開していく必要があります。マーケティングでは、第1章で紹介したように、共創（co-creation）や協働（co-working）の重要性が指摘されるようになってきました。共創という言葉は、どこかしら明るく未来的な、誰もが納得しやすい響きを持っています。しかしその一方で、共創には様々な陥穽も存在しています。多くの消費者は、たとえ製品開発に興味を持ち、またその能力を持っていたとしても、特別企業のために何かしたいというわけではないからです。当たり前ですが、彼らは社員ではありません。

デジタル時代は、共創の時代でもあります。その中で、企業やマーケティングは何をどうすればよいのか、本章では考えていくことにします。まずは消費者が製品開発に関わるということについて、ソーシャルメディアやインターネットの登場以前から知見を蓄えてきたユーザーイノベーション研究を確認します。その上で、これまでもみてきたオンライン・コミュニティの重要性や、特にネットやソーシャルメディア上で盛んに公開されるようになったUGC（User generated contents）について確認し、より良い共創や協働の可能性を考えることにします。

2 ユーザーが起こすイノベーション

ユーザーが関与する動機

イノベーションは企業を中心とした開発側だけではなく、製品やサービスを利用するユーザー側でも起こるという、今ではそれほど違和感のないであろうこの発想は、1970年代にユーザーイノベーション研究として登場しました。イノベーションといえばジョセフ・シュンペーターによる新結合の概念が有名ですが、彼が念頭に置いていたのはアントレプレナーとしての企業でした。もちろん、アントレプレナーを支援する銀行家など様々なステイクホルダーも考慮されていましたが、ユーザーにはあまりフォーカスされていなかったといえます。これに対して、MITのフォン・ヒッペル教授は、ユーザーの方がイノベーションを起こす動機を持っており、実際にイノベーションを起こすのではないかと考えたのでした。

最初に調べられたのは多くの産業財でした。産業財の場合、買い手も技術的な知識を有している可能性が高く、開発に参加もしやすいと考えられます。また、営業活動を考えても予想できるように、売り手と買い手の関係も密接であり、情報を共有しながらイノベーションを進めることもできそうです。こうした研究成果が、やがて消費財にも広がりをみせ、実際に一般の人々もまたイノベーションに関わっている可能性が指摘されるようになってきました。

ユーザーがイノベーションを起こす動機には、大きく2つが考えられます。一つは、そもそもその必要性を強く持っているということです。開発側ももちろんイノベーションの動機を持ちますが、それは主として利益の源泉としてであり、ユーザー側は、何か問題に直面して実際にそれを利用しなくてはならないという点において、より強い動機を持っています。もう一つは、具体的な問題点の認識やその解決方法について、ユーザーの方が深い知識を持っている可能性があるということです。

例えば、マウンテンバイクの開発は、山などオフロードを自転車で走ろうとする人々によって行われました。神戸大学の小川教授の『ユーザー・イノベーション』には、その状況が紹介されています。1970年代に、アメリカの若いサイクリング愛好家が頑丈なバイク用フレームやバルーンタイヤを用いて自転車を作り上げたということ、さらには、やがて彼らが他の人々のためにも組み立てを行うようになり、それを知った大手メーカーもマウンテンバイクの生産を始めることによって、新しい市場が世界に広まっていったのです。同様に、ウインドサーフィンでは、ボードと足を固定する留め具がユーザーによって開発され、こちらもやがて多くの人々がそれを用いることでより高く、より速く飛ぶことが競われるようになりました。

レゴの決断

もちろん、ユーザーイノベーションはスポーツの世界に限られるわけではありません。スポーツの世界では、ユーザーに強い動機と豊富な知識がある場合が多そうですが、そうではない市場でもユーザーは活躍しています。

ユーザーイノベーションに注目し、そこから大きく成長した企業として知られているのはデンマークの玩具メーカーであるレゴ社です。世界有数の玩具メーカーである同社にも、２０００年代前半には赤字を計上する時期がありました。その頃に発売された製品の一つが、ロボットを組み立てられるマインドストームという製品セットです。マインドストームにはロボットを動かすソフトウェアが組み込まれており、当初は15種類ほどのプログラムが内蔵されていました。

このソフトウェアに興味を持ったユーザーがソフトウェアを解析し、好きなプログラムに勝手に書き換え始めたのです。解析されたソフトウェアはインターネット上に公開されたため、瞬く間に世界中のハッカーがオリジナルのプログラムを作成し始めました。1990年代には、すでにLinuxのようなオープンソースも存在していました。ユーザーが自分たちでソースコードを作成し、よりよいプログラムを作り上げていくという土壌がインターネット上にはあったといえます。

とはいえ当初、レゴ社はユーザーが勝手にプログラムを解析し、プログラムを書き換えてしまうことに否定的だったといいます。自社で新たに開発する製品と競合する可能性もあったからです。訴訟を含む強硬手段も検討されましたが、最終的にレゴ社はこうした動きを肯定し、むしろ推奨することになります。マインドストームのライセンスには、ソフトを改良しても良いことが正式に書き加えられました。

当然、この決断をハッカーたちは高く評価し、マインドストームはより活性化することになります。レゴ社は、さらに、改良したソフトを披露しあう大会を主催し、ユーザーの交流の場を作るとともに、ユーザーたちが集まるコミュニティにも積極的に関わり、ユーザーとの交流を深めるようになりました。そして最終的には、マインドストームの次世代版を開発するに際し、一部のユーザーを開発チームのメンバーとして取り込むまでに至ります。

2005年には、レゴ社はレゴ・ファクトリーを開設し、ユーザーは自分で好きなレゴブロックをパソコン上で組み立て、発注できるようになりました。さらに、日本ではLEGO CUUSOOとして、レゴブロックが他のユーザーの投票を経て製品化される仕組みが整えられました。具体的な仕組みを提供したのは、無印良品にも同様の仕組みを提供し、空想無印などを運営していたCUUSOO SYSTEMという企業です。同社は、インターネットの初期から顧客参加型製品開発を推進し、コミュニティの運営を進めてきた企業でした。LEGO CUUSOOでは、「しんかい6500」が最初の製品化となりました。その名の通り、レゴブロックで作られた潜水艦であり、提案者はデザイナーではありましたがレゴマニアというわけでもなく、海洋研究の専門家でもなかったといいます。しかし、その提案に専門家も含め多くの人々が協力し、製品化が実現したのです。

個人から群衆へシフト

ユーザーイノベーション研究は、インターネットの普及とも相まって広がりをみせるとともに、やがて特定の個人からコミュニティに焦点が移っていきます。第4章ではオピニオンリーダーを探す方法を紹介しましたが、その時もネットワークやコミュニティへと焦点が移っていきました。ユーザーイノベーターの議論も同様です。イノベーターを探そうとすれば、彼らの特性を洗い出し、当人への質問や、周囲の人々へのヒアリングが必要になります。そしていずれ、彼らを取り巻く環境や、ネットワークによって画期的なアイデアが生まれることを考えるようになります。

いまや、誰であろうとも、ユーザーである限りはイノベーションの源泉になりえます。例えば、先の小川教授は、ユーザーの集団によるイノベーションについて、市場トレンドの探索、ユーザーの探索、特定、協力関係の構築が容易だと指摘しています。さらに、法政大学の西川教授は、こうした流れをクラウドソーシングとして捉えています。クラウドとは、群衆のことです。一見摑みにくいようにもみえる群衆の力をうまく利用して、問題解決を図ることが重要になっています。

LEGO CUUSOOの仕組みは、先に紹介した通り日本ではCUUSOO SYSTEMによって先駆的に行われてきましたし、海外ではいわゆるクラウドファウンディングと結びついたキックスターターなどの開発プロジェクトサイトとして発展しています。人々は必ずしも金銭的動機によって参加するわけではありません。好奇心や自己実現、あるいは他人に認められたり繋がりを持ちたいというより社会的な理由で開発に参加します。

消費財だけではなく、イノセンティブのようなマッチングサイトでは、技術開発にも社外の人々が自由に参加し、画期的な問題解決を提案するようになっています。例えば、コルゲート社が依頼した特定の素材を瓶に効率的に封入するための仕組みでは、全く異なる分野の専門家から磁石を用いた誘導方法が瞬時に提案されたといいます。社内の専門家が持ち合わせていない知識であっても、群衆が対応することによって、全く別の専門家が思いもよらない方法で解決してしまうということがあり得るわけです。

ユーザーの声を元に作られた製品は、技術的に高い評価を得るのみならず、最終的な売上についても期待が持てるとされます。先の西川教授と小川教授が無印良品と共同して実施してきた大規模な調査では、社員が開発した製品と、ユーザーの声を元に開発した製品を実店舗において比較した結果、ユーザーによる製品の方が高い売上を示すことがわかりました（図表6−1）。この効果は、品質そのものという点からはもちろん、それだけではなくユーザーの声を元にしているというラベル表示においても生じます。ユーザーの評価が様々なマーケティング上の成果に結びつくことは、口コミはもとより広告でよく使われる「ユーザーランキング1位」といった表現からも予想されますが、その効果も含め、群衆の重要性はますます増しているといえます。

**図表 6-1　ユーザーの声を元にした製品と
そうではない製品の売上比較**

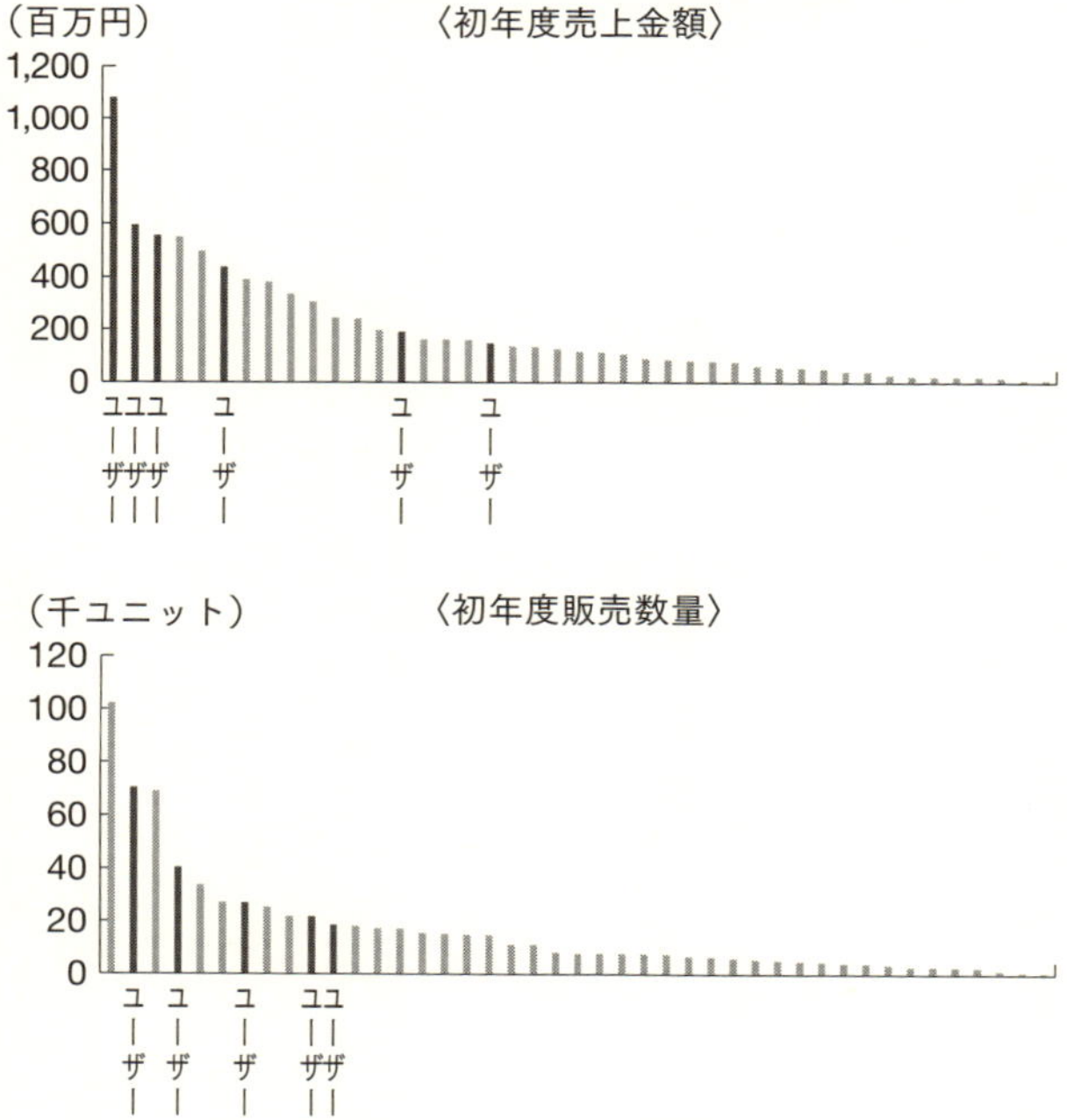

※Nishikawa et al.（2013), pp.164-165 をもとに作成

3　ＵＧＣ

顧客が作るコンテンツ

ソーシャルメディア上でユーザーが何をしているのかという点に関して、よく注目されるのはＵＧＣ（User Generated Contents）です。ＵＧＣは、ユーザーイノベーションはもちろん、ユーザーが自ら作り出したコンテンツ全般を指し、広くはネット上の口コミを包含します。第1章でも紹介したとおり、インターネットやソーシャルメディアが人々に力を与え、彼らを生産者にしている最も象徴的な例です。新しい自転車を開発することや高度なプログラミングは、ハードルもあり誰にでもできることではありませんが、ブログを書き、フェイスブックに写真や動画を投稿し、時にはそのために編集するという程度であれば、おそらく多くの人々にとって日常的な活動であるといえます。デジタル・ネイティブにとってはなおさらのことです。これらが、すべてＵＧＣとなります。

具体的にどのようなＵＧＣがソーシャルメディアに上がっているのかについては、メディアごとに異なる傾向がみられます。少し以前の海外の研究になりますが、２０１０年12月から翌年1月、アパレルブランド（カナダのLululemonとアメリカのAmerican Apparel）に関して調べられた研究があります。この研究では、フェイスブック、ツイッター、ユーチューブという3つのソーシャルメディアでUGCの中身がどの程度異なるのか、ユーザーの自己表現とブランドの関係から分析されています。今ではそれぞれに似通った機能が実装されていますが、フェイスブックは写真を含めた会話向き、ツイッターは短い文章での情報発信向き、ユーチューブはいうまでもなく動画投稿を軸にしています。

研究では、最初に、複数の調査者が実際に文章や映像を確認しながらそのコンテンツの特徴を抽出し、次に、その特徴をいくつかの大きなカテゴリーにまとめあげます。そして、これらのカテゴリーにもとづき、改めて個々のコンテンツをコーディングしていきます。第3章で紹介した定性的リサーチの方法です。彼らは、最終的に次の6点でコーディングすることになりました。①自分をプロモーションするような自己表現（当該ブランドを使って自分を表現しているか）、②ブランド中心的な表現（当該ブランドの説明や紹介を中心としたコンテンツか）、③企業向けの情報（企業向けの質問や発信か）、④オンライン上での企業側の反応（企業のリアクションがあったか）、⑤ブランドに関する事実情報（価格や立地などの情報を含むか）、⑥ブランドに対する評価（当該ブランドに対し肯定的なコンテンツか）、です。

分析の結果、自己表現を含むコンテンツについては、ユーチューブが多く、かなり差が開いてフェイスブック、ツイッターの順番でした。逆に、ブランド中心的な表現を含むコンテンツは、ツイッターが一番となり、ユーチューブが最も少なくなりました。企業向けの情報やリアクションについては、今回のブランドについてはどのソーシャルメディアでも少なく、ユーチューブはほぼゼロでした。事実情報についてもあまり存在せず、こちらはフェイスブックが特に少なかったといいます。

最後にブランドに対する評価についても、ソーシャルメディア間での違いはみられませんでしたが、2つのアパレルブランド間で評価が分かれる傾向もありました。いずれのブランドも日本にもファンがいそうですが、世界的にみても、Lululemon はヨガフィットネス用のアパレルであり、広い人気を誇る一方で、American Apparel は主義主張を持った先鋭的なアパレルです。今回の調査では、前者は大半が肯定的または中立的であったのに対し、後者は否定的と思われるコンテンツも多く含まれていました。

ユーザーがブランドを通じて自己表現する傾向が強いソーシャルメディア（ここではユーチューブ）と、むしろブランドの説明や紹介が中心になりやすいソーシャルメディア（ツイッター）がある点は重要です。この違いはサービス自体の特徴に由来すると思われますが、より大事なことは、その特徴の違いをユーザーがどのように理解し、利用しているのかという点にあります。

企業のマーケティングとしていえば、この調査からはツイッターが使いやすいということになりそうです。ブランドの説明や紹介をしてもらえるからです。しかし、同様に先の研究では、自己表現する傾向が強いソーシャルメディアでもマーケティング利用の価値はあると分析し、ブランドの説明や紹介が中心になりやすい場合は、メリットもあるが悪い情報も流れやすいというデメリットが逆にあるとしています。

恐らくこうした結果は、製品に対する関与の程度にも関係しています。関与とは、その製品やサービスに対する興味のことです。消費者行動研究では、関与の存在は購買意思決定を考える上で非常に重要であり、マーケティングへの示唆も大きいとされてきました（青木幸弘『消費者行動の知識』日経文庫）。例えば、関与が低い場合には、ちょっとした値段の変化や店頭でのPOPの影響を受けやすくなります。

比較的関与が高いであろうアパレルでは、ツイッターによる説明や紹介だけではなく、自己表現されるユーチューブの方が向いていそうです。自己表現はブランドの有用性に直結しているからです。今であれば、インスタグラムがその位置にあるでしょう。逆に、関与が低い製品であれば、そもそも自己表現に用いられることは少ないと予想されます。ツイッターなどで説明や紹介に期待するのがよさそうです。

参加型プロモーションとしてのUGCコンテスト

人々が自己表現に用いている投稿をうまくすくいあげることは、ソーシャルメディア・マーケティングとしては重要なことです。例えば、インスタグラムをみると、人々は旅行に行った際の写真をたくさん投稿しています。これらの中には、もちろん宿泊先の写真も含まれています。民泊サイトの運営をしているAirbnbでは、これらの宿泊先の写真の中で、Airbnbを利用していることがわかるユーザーに対して連絡を取り、その写真を積極的にシェアしています。Airbnbとしては、インスタグラム上に投稿される写真を用いることで、人々の力を借りて魅力的な宿泊先の情報を伝えることができるようになります。一方で、投稿した人々も、Airbnbにシェアされることによって、よりたくさんの人々に自分の投稿をみてもらえるようになります。Airbnbにみてもらえた、そしてシェアしてもらえたということ自体が嬉しいと思う人もいるかもしれません。

企業はハッシュタグの利用を呼びかけることで、人々が投稿する写真をより簡単にみつけることができるようになります。JTBでは、マイトリの公式アカウントをフォローし、ハッシュタグ#マイトリとつけて投稿してもらうことにより、その投稿をみつけて自社サイトで公開しています。自分の投稿を勝手に企業がシェアすることを望まない人々もいます。彼らに対して一つひとつ承諾をとるのではなく、この方法であれば、シェアや掲載を了解している投稿だけを集めることができます。

さらに、UGCをうまく利用したマーケティングとしては、UGCキャンペーンやUGCコンテストを挙げることができます。これらのキャンペーンやコンテストでは、ユーザーの力を借りながら、ユーザーが共有できるコンテンツを作りだしていきます。第4章で紹介したポッキー&プリッツの日では、シェアハピとして人々がポッキーやプリッツを食べているシーンの写真を投稿してもらったり、CM動画を作ってもらうといった活動も行われていました。これらは、踊ってみたや歌ってみたというように、人々が自発的に行いインターネットやソーシャルメディア上に投稿することもありますが、企業の企画として提供することもできます。

UGCキャンペーンやUGCコンテストは、参加型プロモーションとして考えることができます。当然、ソーシャルメディアごとのルールに注意しながら、ガイドラインを決める必

ポッキー＆プリッツの日のUGCキャンペーン（江崎グリコ株式会社）

要があります。また、参加レベルの検討も欠かせません。コンテンツとして最も集めやすいのは、個人的なストーリーや写真です。アパレルブランドであるヘインズは、今着ている下着の色をツイートしてもらうキャンペーンを行いました。これはブランドの主要製品の販促にもなりますし、色の選択は流行を捉える上でも有用です。その一方で、本当に投稿してもらえるかどうか、気分を害する人がいないかどうか注意が必要になります。もう少し難易度が高い方法としては、広告自体を作ってもらうということもできます。先のポッキーやシボレーはこの手の活動を行なっていました。これらの活動では、もちろん自発性も重要ですが、賞金やテレビ放送の権利などのインセンティブをつけることもできます。

　これまでの研究でも、UGCを通じたインタラクションは、ブランド態度をはじめとしてブランド・エクイティにもポジティブに影響するとされます。ポーランドのフェイスブック・ユーザーを対象にした調査では、ソーシャルメディア上で企業が作ったコンテンツとユーザーが作ったコンテンツの効果が比較され、ユーザーのコンテンツはブランド・エクイティもブランド態度も高める一方で、企業のコンテンツはブランド態度だけに影響していました。

使ってもらえるコンテンツとプラットフォーム

UGCでは、ユーザーはゼロから新しいものを作り出すこともあります。とはいえ、その多くはすでにあるコンテンツを加工したものです。このとき、企業やマーケティングという観点からは、最初のコンテンツを提供することの重要性を考えることができます。ユーザーが取り上げやすいコンテンツ、利用しやすいコンテンツ、加工しやすいコンテンツが求められるということです。

UGCキャンペーンやUGCコンテストの場合にも、ユーザーが利用するためのコンテンツが欠かせません。歌ってみたや踊ってみたといった形で利用できる面白いテレビCMや、さらには加工可能なデータなども重要になるかもしれません。例えば、セガは、ツイッター上でゲームのキャラクター画像を提供することで大喜利を行ったり、面白いことを吹き出しに付け加えてもらうといった活動を行い人気を集めています。こうしたコンテンツを提供する場合には、一方でそのコンテンツをもとにした新しいコンテンツが誰のものであるのか、明確にしておく必要があります。

マーケティングという点からは、コンテンツ・マーケティングをはじめとして企業側が提供するコンテンツの意義が強調されてきました。例えば、テレビ広告の多くも、今日ではテレビだけでは完結していません。続きはネットでという導線の設定はもちろん、わざと隙を作ることによって、その隙をネット上でユーザーにみつけて取り上げてもらうといった凝った作りも進められるようになっています。博報堂の須田さんは『使ってもらえる広告』の中で、ネット時代にはユーザーに「使ってもらえる広告」や、つっこんでもらえるクリティブが大事だと主張しています。

ユーザーイノベーション研究では、ツールキットの有用性がこれまでも指摘されてきました。ツールキットとは、ユーザーが自分たちのアイデアを実現するために用いる道具のセットのことです。使ってもらえるコンテンツとは、ユーザーにとってツールキットの一種だと考えることができそうです。

ユーザーが利用するコンテンツをより拡大解釈すれば、それは一つのプラットフォームと

ツイッター上で提供されたゲームソフト「龍が如く」シリーズの素材（Ⓒセガ）

もなりえます。プラットフォームとは、その名の通り、多くの人々が行き交う駅などの場所を考えればわかりやすいでしょう。例えば、かつて任天堂が発売したファミコンは、当初は一つの製品にすぎませんでしたが、瞬く間に、ゲームを遊ぶユーザーはもちろん、ファミコンソフトを開発するソフトウェアメーカーがたくさん参入するプラットフォームとなりました。そして、ファミコンに多くのユーザーやソフトウェアメーカーが関わるようになる中で、ゲームに関連した機器や情報雑誌といった二次産業もまた成長していったわけです。

もう一つ、任天堂つながりでいえば、2016年に世界的に話題となったPokémon GOもまた、プラットフォームとして大きな可能性を秘めていました。当時注目されたのは、Pokémon GOがたくさんのユーザーを集めたということだけではなく、現実の世界をトレースしていることによって、現実の企業との連携や広告を期待できるのではないかということでした。

実際、マクドナルドはPokémon GOと連携し、店舗にはジムやポケスポットが設置されました。マクドナルドは人々を集客するとともに、人々はハンバーガーを食べながら、ゆっくりとPokémon GOができるわけです。プラットフォームには多くの人々や多くの企業が参加し、その数が増えれば増えるほど、プラットフォームの価値も大きくなっていきます。

4 コンテンツの「正当性」とフェイクニュース

共創の時代においては、インターネットやソーシャルメディア上のユーザーの「生産」活動に注目する必要があります。ただここには、可能性だけではなく、様々な課題もあります。なにより、人々が、本当に企業に協力したいと思っているかどうかはわかりません。もし、消費者や顧客にアプローチするという場合には、唐突に行うのではなく、許可を取ってからが望ましいといえます。いわゆるパーミッションを考慮する必要があります。その上で、たとえ協力を仰ぐことができたとしても、彼らがあくまで顧客であることを忘れるわけにはいきません。

それからもう一つ重要な点として、コンテンツの「正当性」をどのように考えるのかという問題があります。今日、例えば動画サイトには、テレビやCM、さらには音楽クリップなどもアップロードされていることがあります。誰かが勝手にアップロードしていればもちろん問題ですが、それ以上に注意する必要があるのは、それが本物かどうかということです。巧妙に加工されてアップロードされるコンテンツは、UGCには違いありませんが悪質さを含んでいます。

トランプ大統領の選挙戦を前後して、フェイクニュースは大きな社会問題となりました。「ローマ法王がトランプ氏を支持した」「ヒラリー氏はテロ組織に武器を売却した」といったフェイクニュースは、一見すると本物のニュースのようであり、簡単には判断がつかないコンテンツばかりでした。かつてオバマ大統領の選挙戦では、ソーシャルメディアをうまく用いた選挙戦が話題となりました。この話題を一つのきっかけとして、日本では多くの人々や企業がソーシャルメディアを利用するようになったわけですが、次の大統領選では、ソーシャルメディアの活用というよりも、過剰な活用の結果としてフェイクニュースが問題となったのです。こうしたフェイクニュースは、企業にとっても大きな脅威となります。先のトランプ大統領の選挙戦では、ヒラリー陣営が違法行為を行っているというフェイクニュースを信じた男が、その現場とされたピザショップで発砲事件まで引き起こしました。

ツイッターやフェイスブックなど、ソーシャルメディア側での対応も進んではいます。フェイクニュースを発見し、アカウント利用を停止することは一つの方法です。それだけではなく、フェイクニュースが生まれる理由として、一つにはアクセス数を稼ぎ、広告収入を得ようとするユーザーの期待があります。この広告収入をうまく遮断することができれば、フェイクニュースも減ると考えられます。

広告収入を期待するユーザーだけではなく、差別的な主義主張を含むヘイト投稿を繰り返すユーザーもいます。これに対してもソーシャルメディア側の対応が必要になりますが、合わせて、利用側となる企業も対応していく必要もあります。2017年にはユーチューブ上のヘイト動画が問題となり、幾つかの企業はユーチューブへの広告配信をストップするという意思決定を行いました。これは社会的な試みというだけではなく、ヘイト動画の前後に自社の広告が配信されることにより、自社のブランドが毀損するリスクに対応したものです。ユーチューブに限らず、インターネット上ではバナー広告をはじめとして様々な広告配信が可能になっています。自社の広告が、期せずして差別的なブログに連動してしまうこともありえます。

日本でも、2016年の熊本震災では、ツイッター上で動物園からライオンが逃げ出したというフェイクニュースが拡散しました。一緒に投稿されていた画像は、もともとヨハネスブルグの治安の悪さを揶揄したこれまたフェイクニュースだったといわれます。発信者に悪意があったどうかはともかく、それをみて信じてしまう人はもちろん、面白いと思って拡散してしまう人がいたことは事実です。企業としても、「あの会社はブラックである」「食べ物にゴミが入っていた」など、フェイクニュースであれば対応が必要ですし、仮に事実であればなおさらのこと、早急に手を打たなくてはなりません。

企業のマーケティング活動に関わるニュースとしては、2015年にサントリーが発売したレモンジーナとヨーグリーナの出荷停止が話題となりました。すぐに品薄商法であるという批判がネット上で巻き起こり、実際に店頭に残っている在庫写真などが数多くアップロードされて火に油を注ぐことになりました。これは企業としては対応の難しい、タイミングのズレが引き起こした問題だったようにみえます。在庫をあまり持たない特に都心のコンビニでの欠品と、一方で在庫をバックヤードに持つスーパーなどでは状況にズレがあるからです。今日では、特に大手コンビニでの欠品は多額の違約金が発生するため、わざと出荷停止するような選択肢は基本的にないはずです。ニュースの正当性はもちろん、その伝播過程を予測することはいよいよ困難な時代だといえます。

第7章 成果を測る

1 目標と成果を繋ぐ

ここまで、ソーシャルメディア・マーケティングが注目すべき顧客との関係について、大きく4つの点から考察を進めてきました。インターネットやソーシャルメディアを活用しながら、顧客を知るということ（第3章）、顧客に伝えるということ（第4章）、顧客と繋がるということ（第5章）、そして、顧客とともに新しい価値を創り出すということ（第6章）についてです。これらは顧客志向や社会志向の実現を目指すマーケティングそのものでもあり、改めて、その継続的な運用が重要になります。

ソーシャルメディアの活用に限らず、マーケティング施策の全ては、やって終わりではありません。その結果が良かったのか悪かったのかを判断し、次の施策に生かす必要があります。第2章でみたように、PDCAを回すという場合にはDoの後にCheckがあるとおりです。

しかし、判断のためには、そもそも何が目標であったのかが重要になります。ある施策が成功したのか失敗したのかを判断するためは、もともとの目標や期待と照らし合わせなくてはなりません。この時、Doの前に行われるPlanとは、単に実行のための手引きというだけ

図表7-1　5Aにもとづくカスタマージャーニーと2つの指標

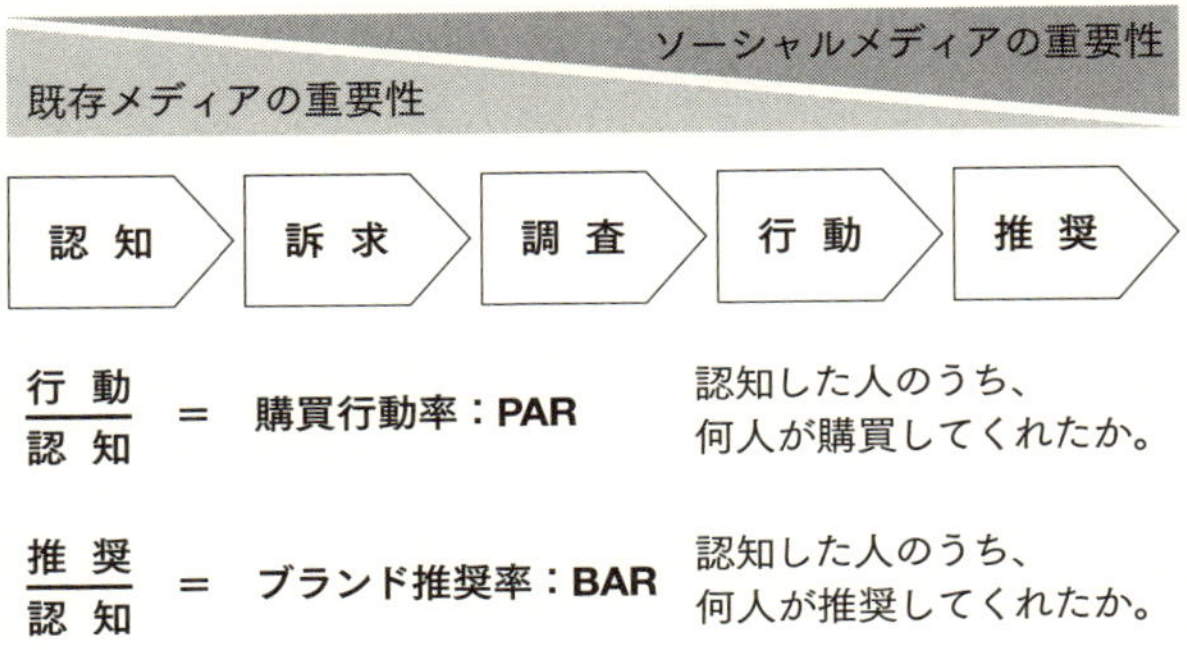

※Kotler et al.（2017）、邦訳86、114-116頁をもとに作成

ではなく、Doの結果をチェックするための判断材料ともなります。計画を重視しすぎる組織にも問題がありますが、同様に、実行ばかりで蓄積がみられない組織にも問題があります。

第1章で紹介したコトラー教授の『マーケティング4・0』では、顧客の購買をめぐる一連の行動を示すカスタマージャーニーを5Aとして設定し、各要素を組み合わせて成果の指標とすることが紹介されています。5Aとは、認知（Aware）、訴求（Appeal）、調査（Ask）、行動（Act）、推奨（Advocate）です（図表7―1）。これらは、広告論でよく示されてきたAIDMA（認知、意図、欲求、記憶、行動）などの消費者認知モデルに似ているとともに、日本ではインターネットの普及に合わせて電通が提唱したAISAS（認知、意図、検索、行動、共有）とほぼ同型です。どちらも、デジタル時代に対応したモデルであると考えることができます。

５Ａでは、購買数÷認知数を購買行動率（ＰＡＲ：Purchase Action Ratio）、推奨数÷認知数をブランド推奨率（ＢＡＲ：Brand Advocacy Ratio）として定め、この数値を中心にマーケティング施策を考えることを提案しています。すなわち、ＰＡＲという直接的な購買行動と、ＢＡＲという推奨を経由した間接的な購買行動を中心的な成果とするわけです。これらは、顧客満足のモデルとして知られるＡＣＳＩ（American Customer Satisfaction Index）や、その日本版であるＪＣＳＩ（Japanese Customer Satisfaction Index）とも整合的です。青山学院大学の小野教授による『顧客満足（ＣＳ）の知識』に紹介されているように、特にＪＣＳＩでは、顧客満足はロイヤルティの向上と推奨意向に結びつくと考えられています。

ソーシャルメディアの活用は、もちろんＰＡＲにもＢＡＲにも影響します。その活用次第で、ＰＡＲやＢＡＲの値は、基本的には０から１の間で変化します。０に近づけば、最初の認知数と最後の出口の差が広がっているということですので、その差の原因を特定し、差を小さくする必要があります。逆に１に近づけば、認知した人々の多くが購入や推奨に至っているということですので、次の課題はその維持と絶対数そのものの拡大となります。これらは5Aについて全て組み合わせることができ、企業がどこに注力すべきなのかを明らかにしてくれます。

ただし、デジタル時代においては、このモデルは認知から推奨へと進むろ過の過程としてのみ捉えるわけにはいきません。訴求していなくても、調査していなくても、あるいは行動していなくても、推奨する人々がいるからです。おそらく、認知ですら、場合によってはそのブランドを知らないままに、推奨してしまうこともありえます。シリコンバレーで活躍するフュジェッタによる『アンバサダー・マーケティング』では、会社を熱烈に支援する顧客をアンバサダーと呼び、彼らの育成と協力が重要になることを指摘していますが、その中でも、認知から推奨の過程をろ過やファネルとして捉えることを見直す必要があるとしています。

過去のAIDMAモデルに始まり、それ以降のモデルも、その多くは最初のA、認知が最重要であると考えてきました。考えてみれば、既存メディアを用いたプロモーションは、マス・コミュニケーションに代表されるように、しばしば最初のAの最大化に焦点を当ててきたといえるでしょう。しかし、今やそれが何であるのか認知していなくても、推奨され（あるいは批判され）、そして売上やブランド成果につながる可能性に留意する必要があります。

本章では、最終章として、ソーシャルメディアを用いたマーケティングの成果と、その測定方法について学びます。5Aの例が示すように、マーケティングの成果は様々に測定することができ、組み合わせていくことができます。しかし重要なことは、こうした測定方法を知っているということだけではなく、目標と成果の結びつきとして理解することです。以下では、ソーシャルメディアの活用と、マーケティングにとってもっとも重要な指標の一つであるといえるブランド成果との結びつきを確認した上で、長期的な指標と短期的な指標の区別を考えたいと思います。そして、インターネットやソーシャルメディア上で得られる様々な指標を確認します。

2 成果は何か

閲覧回数とブランド成果の関係

今日の多くのマーケティング活動の目標として、ブランディングは極めて重要な問題です。かつては一回一回の購買促進の手段のように思われていたマーケティングは、顧客志向の実現を目指す企業の思想ともなり、企業と顧客を結びつける役割を担うようになりました。中央大学の田中教授による『ブランド戦略論』では、ブランドこそが企業と顧客の交換関係を可能にしていると紹介されています。マーケティング活動の目標は、もちろん売上向上であることはいうまでもありませんが、それと同時に、場合によってはそれ以上に、ブランディングであると考えられるようになっています。ソーシャルメディアの活用という場合にも、ブランディングにどのような影響があるのかを考えることは、おそらく多くの企業にとって興味のあることだと思われます。

2017年に私が行った調査では、ソーシャルメディア上の活動を人々が認知しているだけでは、ブランド成果にはあまり変化が生じないことが示されました。この調査は、ツイッターの企業アカウントを対象にして、積極的な活動で知られるシャープを中心に、ソニー、パナソニックといった大手家電メーカーと、家電にも関わりがあり、かつシャープとのインタラクションで人気のあるタニタ、キングジム、それからセガといった企業アカウントについて調べたものです。シャープとタニタを中心とした企業アカウント間のインタラクションは、アカウントが擬人化されて漫画になるほど話題になっており、ソーシャルメディア・マーケティングとしても一つの型を示しているといえます。

こうした企業アカウントの活動が果たしてどのようなブランド成果をもたらしているのか。この調査では、約900人を対象にして、それぞれの企業アカウントの認知とともに、ブランド成果について複数指標を確認しました。具体的に、ブランド成果としては、そのブランドを信頼しているかどうかなどを示すブランド・トラスト、愛着を持っているかどうかなどを示すブランド・アフェクト、そして再購買したいかどうかなどを示すブランド・ロイヤルティを取り上げています（いずれも6点尺度で、とてもそう思わないから、とてもそう思うまで）。

この結果では、人々がツイッターの企業アカウントを知っていたり、あるいは年に数回閲覧している程度（低閲覧グループ）では、アカウントの存在を知らない人々（非認知グループ）と比べて、ブランド・ロイヤルティをはじめとするブランド成果には違いがみられない一方で、アカウントの投稿を毎週のようにみている人々（高閲覧グループ）との間には統計的な有意差がみられました。つまり、ブランド成果の向上を目指すのならば、広く薄く知ってもらうだけではなく、何度もみてもらう必要があります。

ソーシャルメディアの成果指標として、フォロー数が取り上げられることがよくあります。その一方で、キャンペーンを通じてフォロー数を増やしても、それではあまり意味がないという指摘もよく聞かれます。おそらく、フォロー数は、それ自体が直接的な成果であるというよりは、フォローした結果として閲覧回数が増えることにより、ブランド成果を向上

擬人化され漫画化された人気企業アカウント
『シャープさんとタニタくん@』『シャープさんとタニタくん RT』
（仁茂田あい／リブレ刊）

させると考えられます。

　もちろん、この結果では、一方向の因果関係がみられるというわけではありません。もともと、ブランド成果の高い人がその企業アカウントをよくみたり、フォローするということも考えられるからです。現実的には、相互に行き来があると考えたほうがよいでしょう。アカウントをみて、ブランドを好きになる。好きになるから、さらにみるようになるというわけです。

　それからもう一つ、この調査

結果には注目できることがあります。すなわち、先の結果は、シャープやソニー、パナソニックなど企業そのものの認知率がほとんど100%の企業については当てはまりますが、キングジムのように認知率が少し下がると思われる企業の場合には、アカウントの認知だけでも、ブランド成果に差が生まれるかもしれないということです。今回の調査では、シャープやソニーは企業自体の認知はほぼ100%でしたが、キングジムの場合は約65%の認知率でした。キングジムでは、非認知グループと低閲覧グループの間にも、ブランド・ロイヤルティに差がみられます。同様の傾向は、統計的な有意差はみられなかったものの、キングジムの他のブランド成果や、あるいはタニタやセガにおいても、読み取ることができます（図表7－2）。

インタラクションとブランド成果

ソーシャルメディアの活動を認知しているという程度では効果が期待しにくく、何度も閲覧してもらってこそ効果が高まるという考え方は、とはいえ、通常のメディア一般にも当てはまります。インプレッションでいえば、広告は3回みてもらったときにはじめて認知が高まるともいわれます。ソーシャルメディアを活用したマーケティングという場合には、既存

図表 7-2　アカウント認知・閲覧とブランド成果の関係

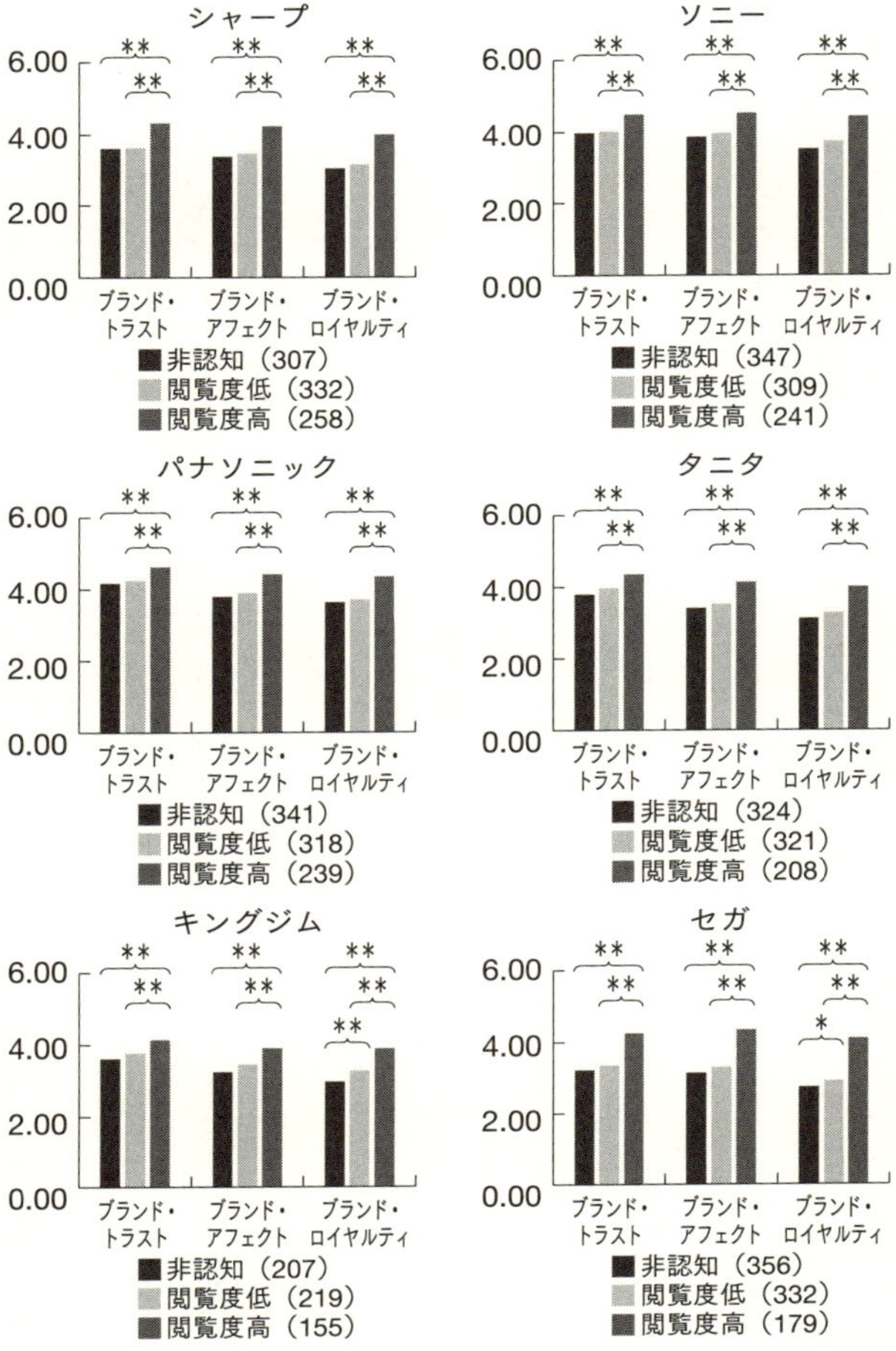

［注］＊は5％水準、＊＊は1％水準の統計的有意差

メディアにはない特徴であるインタラクションによって、これまでとは異なる効果を期待したいところでもあります。

調査結果をもう少しみてみたいと思います。具体的には、高閲覧グループのユーザーを取り上げて、その中でさらに、アカウントとのインタラクションを実際に行ったことのあるユーザーと、そうではないユーザーについて、ブランド成果の差を確認しました。インタラクションがあったかどうかは、当該企業アカウントをリツイート（RTをつけてツイート）やメンション（企業アカウント名を入れてツイート）したり、あるいはリツイートされたりメンションされたことがあるかどうかです。なお、低閲覧グループには、インタラクションを行ったことのあるユーザーがほとんどいませんでしたので今回は分析から外しています。

結果は、インタラクションのあったグループとなかったグループでは、インタラクションのあったグループのほうが総じてブランド成果が高い傾向がみられました。ただし、閲覧頻度によるグループ分けの時とは異なり、企業やブランド成果によって結果は少しまちまちです。まず、ブランド成果のうち、ブランド・トラストについてはどの企業においても統計的な有意差はみられませんでした。インタラクションの有無は、ブランド・トラストにはあまり関係しないようです。一方で、ブランド・ロイヤルティについては、6社中5社、ブランド・アフェクトについては6社中3社で統計的な有意差がみられました。更に興味深いことに、ソニーだけは、いずれのブランド成果についても、インタラクションの有無による有意差はみられませんでした。

この結果については、いくつかの留意とともに解釈ができます。もともと高閲覧グループはブランド成果も高い傾向にありますので、その中で更に高いブランド成果を期待することにはハードルがあります。その上で、常識的に予想がつく通り、特に面識のないアカウントに対して、リツイートしたりあるいは逆にリツイートされるということはあまり起こりそうにはありません。今回の調査では、どの企業についても、そのほとんどはリツイートやメンションをすることもされることも経験したことのないユーザーでした。当然、全体からみてインタラクションしたことのある人の数は小さく、例外的な存在となります。それから最後に、インタラクションが実際にあったのかどうかは、被験者の中でかなり曖昧な記憶であった可能性があります。今回の結果は、より正確には、インタラクションがあると思っているグループと、そうではないグループについて、ブランド成果に違いがみられるかどうかということだったといえます。

これらを踏まえた上で結果を改めてみると、ソーシャルメディアにおけるインタラクションは、傾向としては再購買意向に関連するブランド・ロイヤルティに関わっているといえそうです。そして、シャープやタニタのように、より積極的なインタラクションを行う場合には、ブランドの感情的な側面にも良い影響が生じるのかもしれません。シャープとタニタ、それからキングジムではブランド・アフェクトにも差が出ています（図表7－3）。

似たような結果として、これまでの研究では、形式的な投稿と、非形式的でフレンドリーな投稿を比べた場合、馴染みのあるブランドでは非公式的でフレンドリーな投稿の方がブランド・トラストを高める一方で、なじみのないブランドでは、形式的な投稿の方がブランド・トラストを高めるとされています。今回の場合、ブランド・トラストでは違いがみられませんでしたが、少なくとも高閲覧者グループを対象にしましたので、ブランドに対する馴染みはあるでしょう。この場合には、フレンドリーな投稿だけではなくインタラクションによって、他のブランド成果にも影響が出るといった可能性を想定することができます。

図表 7-3　閲覧頻度の高いユーザーにおける
インタラクション経験とブランド成果の関係

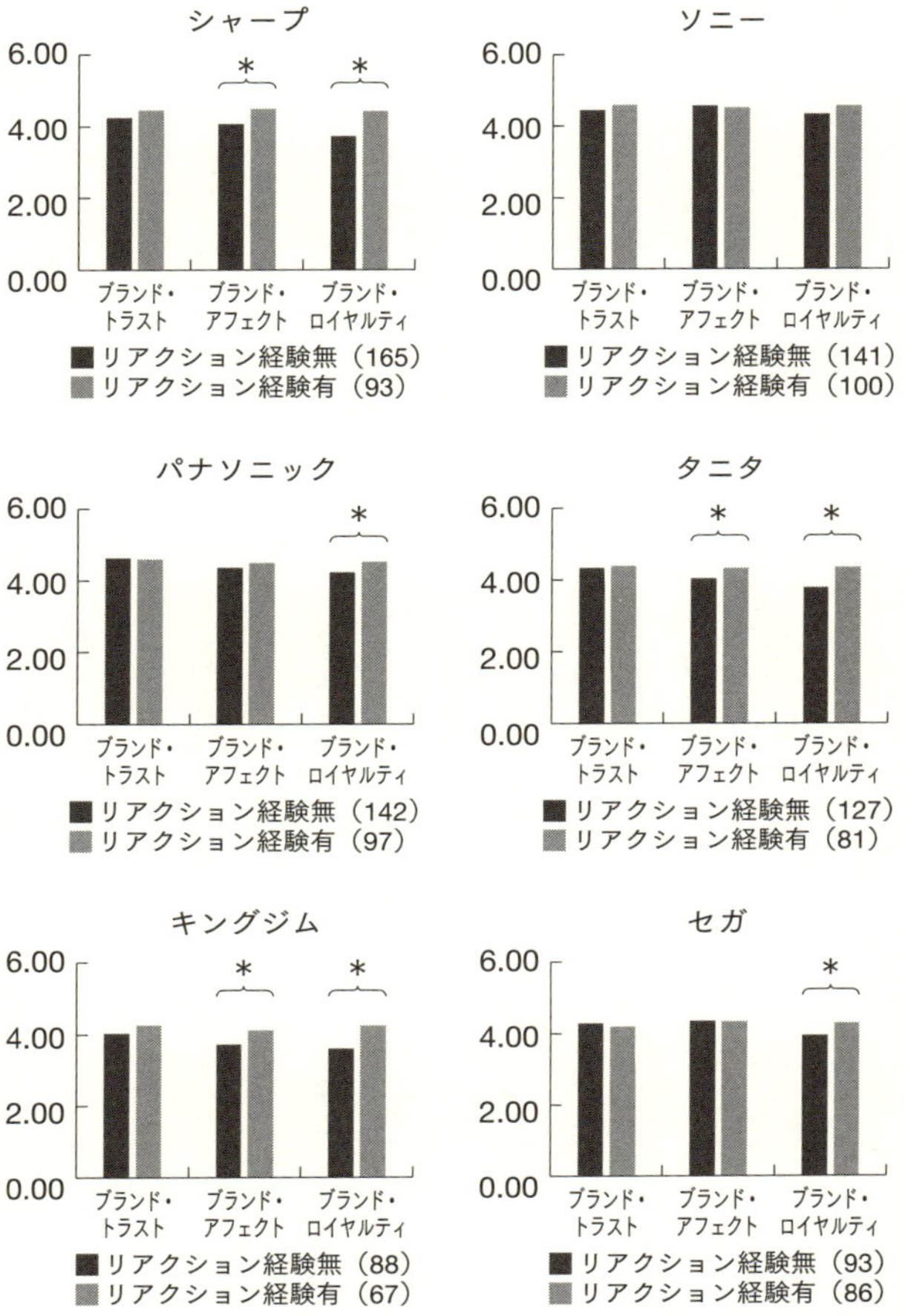

［注］＊は５%水準、＊＊は１%水準の統計的有意差

3 ＫＰＩとＫＧＩ

短期的指標と長期的指標

閲覧頻度やインタラクションがブランド成果を高める（逆もしかりですが）というとき、私たちは、改めてブランドの価値は短期的には作れないということに注意する必要があります。当然、人々がアカウントを何度も閲覧するためには、一定の時間が必要になります。インタラクションについても同様です。インタラクションは時間をかけて行われるものであり、その結果としてブランド成果が高まるものと予想されます。

一般的に、成果の指標はＫＰＩと呼ばれます。Key Performance Indicator の略称です。具体的な売上の数値はもちろん、いいね！数やリツイート数、あるいはこれらを組み合わせたコンバージョン率などは、いずれもＫＰＩとなります。これに対して、ＫＧＩとは、Key Goal Indicator の略称です。ＫＰＩを取りまとめる大枠の目標とその成果ということになりますが、特に両者を比較して考える場合には、マーケティング活動の短期的な指標と長期的な指標としてみなすことができます。

ブランド成果は、ＫＰＩというよりはＫＧＩであり、長期的な指標になります。もし、企業がソーシャルメディアを用いてブランド成果を見出したいのであれば、数ヶ月といった短い期間ではなく、数年といった期間でのソーシャルメディアの活用を考える必要があります。先のシャープやタニタのアカウントは、すでに運用が始まってから時間が経っています。その中でフォロワーも増えてきたわけですが、今回のようなブランド成果がみえてきたのはおそらくある程度時間が経ってからだと思われます。

一方で、長期的な指標をうまく落とし込み、短期的に捉えられる指標を考えていくこともまた、ソーシャルメディアの活用では重要な課題です。ソーシャルメディア担当者がしばしば持つ悩みは、社内での理解や協力を得ることが難しいという問題です。新しいメディアでもあり、年配の上司には知識がないということもあります。どんな効果があるのかと問われたときに、5年がんばるとブランド成果が高まりますと答えることは、稟議書を通す上で不十分かもしれません。

幸いなことに、インターネット上では、旧来のメディアと比べてより多くの指標が集められます。ソーシャルメディアでいえば、フォロー数やリツイート数、いいね！数などが定番でしょう。これらはいずれもわかりやすい指標であり、フォロー数が増えれば認知が高まり、先に述べたように閲覧頻度も増えていると考えることができます。また、リツイートやいいね！が増えれば、当該記事に興味を持っている人が増えていることや、さらには口コミの効果が強まっていることを予想することができます。もちろん、その先にブランド成果を考えることも重要です。しかし、これらは別途調査しなければわかりませんし、人々の心を調べているという点ではどうしても定性的な側面が入り込みます。

ソーシャルメディアＲＯＩ

簡単に集められるもの、集められないもの、定量的なもの、定性的なもの、ＫＰＩとして用いることのできるソーシャルメディアの指標には様々なものが考えられます。これら成果

定性的指標
●クリエイティブメッセージとポジショニング戦略 ●キャンペーンの共振度・フィット ●ソーシャルメディア関与 ●ブランドイメージやコンテンツ割り当て ●相対的価値、コンテンツのオーディエンス中心性
●センチメント ●エンゲージメント ●影響力 ●推奨度 ●口コミ
●ブランドに対する態度 ●顧客満足 ●サービス・クオリティ知覚

図表 7-4　　ソーシャルメディア指標

カテゴリー	定量的指標
アクティビティ	●タイプやチャネルごとの投稿（記事投稿・更新、コメント・リプライ、ビデオ・写真など）の数、頻度、時間間隔 ●CTA（call to action）利用、ヘッドラインのタイプや文字数、投票、クイズ、UGC招待などのインタラクティブデザインの要素、ハッシュタグ利用 ●投稿割合、反応割合、平均的な反応時間などのサマリービュー
インタラクション	●数、頻度、時間間隔 ○インプレッション・リーチ　○登録　○ブックマーク、お気に入り、いいね　○コメント、ポスト、メンション、タグ　○リンク、トラックバック、クリックバック　○ダウンロード、インストール、埋め込み　○サブスクリプション　○ファン、フォロワー、フレンド　○シェア、フォーワード、招待、参照　○レビュー、テストモニアル　○トラフィック、ビジット、ビュー ●滞在時間　●UGC貢献　●割引、引き換えレート ●エコー効果、口コミ　●エンゲージメント　●コスト・見込み客 ●顧客になった割合　●新規顧客の平均利益
リターン	●マーケティング機能ごとのコスト効率　●CLV（顧客生涯価値） ●アーンドメディア・バリュー ●売上平均、サイトトラフィック、サーチエンジンレートの推移 ●シェア・オブ・ボイス　●ROI

※Tuten & Solomon（2017), pp.354-355 をもとに作成

を測定して次に活かすという点では、アクティビティ指標、インタラクション指標、それからリターン指標の3つに分けて考えることができます（図表7－4）。

アクティビティ指標では、ソーシャルメディア上で企業が行う活動を捉えます。これらは、特定の成果を期待して行うインプットでもあります。具体的には、文章や写真の投稿はもちろんのこと、次のインタラクションを期待したクリックボタン（CTA：Call to action）の設置やハッシュタグの利用もまた、その数や頻度、さらには時間間隔を定量的に捉えることができます。定性的にも、文章のクリエイティビティやキャンペーンとのフィットなど、数値化は難しいですが指標とすることができます。

インタラクション指標では、ソーシャルメディア上での主要顧客との関わりを捉えます。ソーシャルメディアの活用を考える場合に、もっとも重視される指標になります。この指標には、フォロワーやファンの数、コメントやいいね！数、その他シェアされたコメントなどはもちろん、トラフィック数やページビューといったインターネットに共通する数値も含まれます。定性的なものとしては、センチメントや推奨意向などが考えられます。

最後に、リターン指標では、ブランドをサポートする直接的、間接的な成果を捉えます。投資に対する直接的な売上はもちろん、コスト削減、その他様々な成果指標を含みます。特に定量的な指標の場合、一般的な成果では、企業はROI（投資利益率：Return on investment）に注目します。ROIは、投資に対する利益の割合を示し、企業が自社の資源をどの程度効果的に用いているのかを表します。ROIの策定は、戦略を実行する上での資源の財務的な評価を割り当てることであり、財務的な成果を測定することです。マーケティングの場合、特にマーケティングROIと呼ばれることもあります。マーケティング投資に対するリターンの割合です。この考え方をさらにソーシャルメディアにも応用すれば、ソーシャルメディアROI（SMROI）となります。SMROIでは、ソーシャルメディアに対する投資が、どの程度の利益を生み出しているのかを捉えます。こうした定量的な指標のみならず、先にみたブランド・ロイヤルティなどの指標も重要になります。

エンゲージメントを高める

ソーシャルメディア・マーケティングでは、エンゲージメントという言葉がよく用いられます。特にフェイスブックやツイッターでは、投稿記事のインプレッションに対するクリックやいいね！といったユーザー側からのアクションの比率がエンゲージメントであるとされます。一方で、ブランディングという観点からは、エンゲージメントはもう少し抽象的なブランドとの絆やブランドへの愛としても表現されてきました。先にみたブランド・アフェクトに近いものであると考えられます。

これらを組み合わせれば、エンゲージメントとは、ブランドとの絆やブランドへの愛のことであり、ソーシャルメディア上の実際のユーザー側のアクションとして定量的にも捉えられることになります。もちろん、この際にはファンやフォロワーの数も間接的な役割を果たしますが、キャンペーンなどでにわかのファンやフォロワーを集めることも可能なため、それ自体ではエンゲージメントの評価とはなりません。

先程はアクティビティ、インタラクション、それからリターンとして指標を捉えましたが、エンゲージメントという点からは大きく4つに分けて捉えることができます（図表7－5）。最初にみた5Aの考え方とも似ています。

まず、人々がソーシャルメディア上でコンテンツごとに参加している程度を関与がある状態として捉えます。実際のそのページがどのくらいみられているのか、ビューを集めることで確認することができます。その上で、インタラクションではフェイスブックやツイッターのエンゲージメントと同じように、ユーザーからのアクションの程度を捉えます。具体的なコメント投稿があれば、これらの内容を分析することや、あるいは実際にアンケートなどを

図表7-5　エンゲージメントから捉えるソーシャルメディア指標

エンゲージメントの次元	概要	指標
関与	参加の程度	ページ、プロフィール、コンテンツなどのビュー
インタラクション	アクションの程度	いいね、シェア、動画をすべてみたといった完了率、平均滞在時間、コメント投稿、ダウンロード
親密	ブランドに対する愛情や嫌悪の程度	センチメント、不満や賛辞投稿、UGCにおける感情表現、ブランド知覚、ブランド態度
影響	ブランドを推奨する程度	レビューやランク付け、リコメンドの数、ネットワークサイズの大きさ

※Tuten & Solomon（2017), p.348 をもとに作成

することで得られるブランドに対する評価を親密さとして考えます。最後に、そのブランドを口コミし、推奨しているかどうかについて、レビューやランク付けの状況はもちろん、その人のネットワークの広がりなどから捉えます。

どのようにすればエンゲージメントを高めることができるのか。この点については、すでに第4章でみたようなオピニオンリーダーやネットワークの存在はもちろん、コンテンツの中身も重要になります。しかも大事なことは、それによってただ話題になるというだけではなく、ブランドに結びつく必要があります。コンテンツを推奨してもらうのではなく、ブランドを推奨してもらうことに繋がらなくてはなりません。コンテンツが面白いということと、ブラン

ドが優れているということはまた別のことです。

これまでみてきた様々な例を思い出してください。顧客参加型製品開発においてレゴ社が評価されてきたのは、その活動がただ話題になったからではなく、時間をかけて、レゴのブランディングに寄与してきたからです。毎年行われるポッキー&プリッツの日のイベントそれ自体が大事なのではありません。繰り返し、継続して行われることによって、やはりポッキーやプリッツというブランドが人々の意識の中に強く確立されていることが重要です。シャープやタニタの企業アカウントが人気を集めていることも、投稿内容が面白いという点だけで理解するわけにはいきません。その活動によって、人々のブランドに対するセンチメントが変化し、ブランドへの愛情が高まることによってこそ、ソーシャルメディア・マーケティングは目標を達成しているとみることができます。

4　結果の理由を考える——AIの時代に必要なこと

ソーシャルメディアに限らず、インターネットでのマーケティング活動の多くは、実行の結果を素早く得ることができます。これまでのマーケティング活動の多くは、どうしても重く慎重にならざるをえませんでした。しかし、インターネットでは、軽く素早い行動が可能になります。実行し、結果を測定し、すぐに次の策を立てることができるようになっています。指標の有効性自体を確認していくことも比較的容易です。

例えば、アマゾンなどが得意とするA／Bテストは、AバージョンとBバージョンのどちらの方が効果的かを調べるための方法です。この方法は、いわゆる実験計画法と呼ばれる学術的な手法を背景としており、より厳密には、単にAバージョンとBバージョンを比較するということではなく、本当に効果の差を調べたい要因一つだけをパターン分けし、それ以外の要因はすべてコントロールして一定とすることで行われます。よりリツイートにつながる投稿文章を考えるという場合には、ユーザーをランダムに割り当て、ピンポイントで一箇所だけ異なる2つの文章を実際に投稿します。この結果、2つの文章のどちらが有効なのかが判断できるようになります。

CTAのクリックボタンをどこに置いたらよいのか、どんな言葉を入れればよいのか、色は何色にすればよいのか、こうした細かい疑問にも、A／Bテストであれば答えを出すことができます。チューテン教授とソロモン教授の書籍では、フェイスブック上のCTAのクリックボタンを対象にした調査が紹介されています。この調査では、「Learn More」と書かれたCTAボタンは、「Sign up」という表現よりも22・5％高いクリック率だったとされます。さらに、その後のメールアドレスの取得と実際のダウンロードでは、「Download」が一番良い確率となり、コスト比率も良くなることがわかりました。

とても興味深い結果ですが、ただし、こうしたテストでは、ややもするとクリック率がなぜ変化するのか、なぜ売上が変わるのかといった理由が疎かになる危険性もあります。「Sign up」よりも「Learn More」の方がクリックされることがわかったとして、それはそれで十分に有用な結果ではありますが、長期的なビジネスを考える上では、その理由まで考えていくことも欠かすことはできません。

ソーシャルメディアやインターネットにおける効果の測定は、デジタル時代にあって、今後ますます精緻化されていく領域だと思われます。第1章では、そもそもなぜ今ソーシャルメディアなのかということについて、一つの理由として技術の進歩によるデジタルの加速化を挙げました。ビッグデータに代表されるように、データの量はいよいよ膨大になり、人間ではなくAIに任せた方がうまくいく時代が到来するかもしれません。あるいは、すでにそうした現実が起こりつつあるともいえます。例えば、フェイスブックに広告を出そうとすれば、極端にいえば細かいことを考えずとも、売上を上げたいのか、ブランド認知を上げたいのか、それとも具体的にファンやコンテンツの閲覧を増やしたいのか、その目標を設定するだけです。後はフェイスブックが、自動的に、最適解をみつけだして広告を表示します。

良くも悪くも、私たち人間には情報処理能力に限界がありますし、24時間仕事をし続けることもできません。それでも、マーケターがこれからもソーシャルメディアに携わろうとするなら、ＡＩがあまり得意としていない仕事を探し、その仕事を担当する必要があります。今のところ、そうした可能性のある仕事とは、ＡＩが見つけ出した最適と思われる解答に対し、それが本当かどうかを確認するとともに、本当であれば、なぜ、あるいはどうしてその結果になったのかを考え、言葉にし、意味を見出し、そしてその発見を手がかりにこれまでにない新しい価値（しばしばそれはＷｏｗ！と表現されます）を提案するということです。

こうした仕事は、おそらくマーケティングの本質と通底しています。顧客の必要に応えるということは、なぜ、人々がそのように考えているのかを理解し、言葉にし、意味を見出し、社会的に共有していくということだからです。第1章で述べたとおり、これらは優れて人間的な活動であり、マーケターに求められる資質です。デジタルの時代は、共創の時代でもあるのでした。マーケティングが顧客志向で社会志向である限り、ますますデジタル化が進み、たとえ次にＡＩの時代が来ようとも、その重要性はソーシャルメディアとともにむしろ増していくに違いありません。

参考文献

- 青木幸弘（2010）『消費者行動の知識』日経文庫
- 浅生鴨（2011）『中の人などいない』新潮文庫
- 石井淳蔵（1999）『ブランド　価値の創造』岩波新書
- 石井淳蔵・厚美尚武編（2002）『インターネット社会のマーケティング　ネット・コミュニティのデザイン』有斐閣
- 石井淳蔵・水越康介編（2006）『仮装経験のデザイン　インターネット・マーケティングの新地平』有斐閣
- 池尾恭一編（2003）『ネット・コミュニティのマーケティング戦略　デジタル消費社会への戦略対応』有斐閣
- 小川進（2013）『ユーザーイノベーション　消費者から始まるものづくりの未来』東洋経済新報社
- 小野譲司（2014）『顧客満足［CS］の知識』日経文庫
- 恩蔵直人（2004）『マーケティング』日経文庫
- 崎谷実穂（2016）『Twitterカンバセーション・マーケティング　ビジネスを成功に導く〝会話〟の正体』日本経済新聞出版社
- 北村智・佐々木裕一・河井大介（2016）『ツイッターの心理学』誠信書房
- 須田和博（2011）『使ってもらえる広告「見てもらえない時代」の効くコミュニケーション』アスキー新書
- 田中辰雄・山口真一（2016）『ネット炎上の研究』勁草書房

- 田中洋（2017）『ブランド戦略論』有斐閣
- 田中洋・清水聡編著（2006）『消費者・コミュニケーション戦略　現代のマーケティグ戦略〈4〉』有斐閣
- 西川英彦・廣田章光編（2012）『1からの商品企画』碩学舎
- 橋元良明編（2016）『日本人の情報行動2015』東京大学出版会
- 古川一郎編（2001）『デジタルライフ革命　顧客たちのeコミュニティ』東洋経済新報社
- 山本晶（2014）『キーパーソン・マーケティング　なぜ、あの人のクチコミは影響力があるのか』東洋経済新報社
- 横山隆治（2010）『トリプルメディアマーケティング』インプレスジャパン
- Burt, Ronald S. (2001), Structural Holes versus Network Closure as Social Capital, in Social Capital: Theory and Research, Aldine Publishers, 2001, 31-56.（野沢慎司編・監訳『リーディングスネットワーク論　家族・コミュニティ・社会関係資本』勁草書房、2006、243−277）
- Fournier, Susan and Lee, Lara (2009), Getting Brand Communities Right, *Harvard Business Review*, Apr.,2009, 105-111.（「ブランドコミュニティ：7つの神話と現実」『ダイヤモンド・ハーバード・ビジネスレビュー』、第35巻第10号、116−131、2010）
- Gladwell, Malcolm (2000), The Tipping Point: How Little Things Can Make a Big Difference, Janklow & Nesbit Associates.（高橋啓訳『ティッピング・ポイント―いかにして「小さな変化」が「大きな変化」を生み出すか』飛鳥新社、2000）
- Keller, Ed and Fay, Brad (2012), The Face-to-Face Book: Why Real Relationships Rule in a Digital Marketplace, The

Free Press.（澁谷覚・久保田進彦・須永努訳『フェイス・トゥ・フェイス・ブック　クチコミ・マーケティングの効果を最大限に高める秘訣』有斐閣、２０１６）

- Kozinets, Robert V. (2015), Netnography: Redefined 2nd ed., Sage Publications Ltd.
- Kotler, Philip, Kartajaya, Hermawan, and Setiawan, Iwan (2016), Marketing 4.0: Moving from Traditional to Digital, Willey.（恩藏直人監修、藤井清美訳『コトラーのマーケティング４・０』朝日新聞出版、２０１７）
- Li, Charlene and Bernoff, Josh (2008), Grandswell: winning in a world transformed by social technologies, Harvard Business School Press.（伊東奈美子訳『グランズウェル』翔泳社、２００８）
- Lovett, Mitchell J., Peres, Renana, and Shachar, Ron (2013), On Brands and Word of Mouth, Journal of Marketing Research, 50(4), 427-444.
- Nishikawa, Hidehiko, Schreier, Martin, and Ogawa, Susumu (2013), User-generated versus designer-generated products: A performance assessment at Muji, International Journal of Research in Marketing, 30(2), 160-167.
- Nishikawa, Hidehiko, Schreier, Martin, Fuchs, Christoph, and Ogawa, Susumu (2017) The Value of Marketing Crowdsourced New Products as Such: Evidence from Two Randomized Field Experiments. Journal of Marketing Research, 54(4), 525-539.
- Fuggetta, Rob (2012), Brand Advocates, Zuberance, Inc.（土方奈美訳、藤崎実監修、徳力基彦解説『アンバサダー・マーケティング』日経ＢＰ社、２０１３）
- Schau, Hope Jensen, Albert M. Muniz Jr., and Arnould, Eric J. (2009), "How Brand Community Practices Create Value," *Journal of Marketing*, 73(5), 30-51.

- Solomon, Michael R. (2013), Consumer Behavior 10th ed., Pearson education, Inc.（松井剛監訳・大竹光寿・北村真琴・鈴木智子・西川英彦・朴宰佑・水越康介訳『ソロモン　消費者行動論』丸善出版、２０１５）
- Tuten, Tracy L. and Solomon, Michael R. (2017), Social Media Marketing, 3rd ed., Sage Publication Ltd.

ま行

や行

ら行

た行

な行

は行

か行

さ行

索引

数字・アルファベット

あ行

著者略歴

水越 康介（みずこし・こうすけ）

首都大学東京経済経営学部准教授。1978年生まれ、神戸大学経営学部卒業、同大学院経営学研究科博士後期課程修了。博士（商学）。専門はマーケティング論。主な著書に、『マーケティングをつかむ　新版』（有斐閣、2018年、共著）、『「本質直観」のすすめ。』（東洋経済新報社、2014年）、『新しい公共・非営利のマーケティング』（碩学舎、2013年、共編著）、『ネット・リテラシー』（白桃書房、2013年、共著）、『企業と市場と観察者』（有斐閣、2011年）など。

日経文庫 1391

ソーシャルメディア・マーケティング

2018年 5 月15日　1版1刷

著者　水越 康介

発行者　金子 豊

発行所　日本経済新聞出版社
https://www.nikkeibook.com/
〒100-8066　東京都千代田区大手町1-3-7
電話：03-3270-0251（代）

装幀　next door design
組版　マーリンクレイン
印刷・製本　シナノ印刷

ISBN978-4-532-11391-9
Printed in Japan